Ingrandimenti

Michele Mirabella

CANTAMI, O MOUSE

Il mondo di oggi spiegato dagli antichi

MONDADORI

www.librimondadori.it

Cantami, o mouse
di Michele Mirabella
Collezione Ingrandimenti

ISBN 978-88-04-61302-2

I edizione novembre 2011

Indice

Cantami, o mouse

Domi habuit unde disceret.
TERENZIO, *Adelphoe*

A Margherita e a Marta,
le mie figlie

Raccomandazione

Mi chiedono qualche volta di presentare dei libri. La faccenda abbisogna di molto tempo per la lettura e il tempo manca, ma talora non si può rifiutare l'invito ed è un bel guaio. Ho scoperto, però, che il modo migliore per presentare un libro è non leggerlo, perché, così, il senso di colpa spinge a parlarne bene, annaspando, certo, citando il risvolto di copertina e il sentito dire, ma, in genere, la si fa franca. Al pubblico si chiederà scusa se la lettura è stata ansimante e lacunosa, l'invito all'acquisto sarà insistente e cordiale, l'autore sarà contento lo stesso e firmerà le copie e l'editore sarà appagato.

Mi hanno invitato a una cena per presentare questo libro a ospiti eruditi, di spirito arguto e sagace che frequento spesso per il piacere del simposio e la raffinatezza della conversazione. Sono compagni di banchetto dotti e buontemponi, della loro compagnia mi pregio ormai da anni e non intendo deludere le loro aspettative: ho bisogno di ispirazione.

Cantami, o musa, ispirami le parole per mostrare ai convitati quanto nelle gesta degli antichi, nei loro amori e nelle loro guerre, nel loro presente e nel nostro passato, si possano leggere anche le moderne vicende umane.

Cantami, o musa, perché io devo ricambiare i miei ospiti con qualche storia del tuo repertorio per avvincerli e farli riflettere che, di simposio in banchetto, senza saperlo, hanno versato nelle mie pagine i loro racconti, i loro personaggi e i nostri brindisi.

Cantami, o musa, di eroi invincibili e di artisti geniali, di dive austere e di uomini innamorati, raccontami degli dèi faccia tosta in televisione e degli attori esitanti sull'Olimpo.

Dell'epica ronzante in Internet e dei naviganti del Mito e delle storie della Storia nella grandiosa rete mediatica, "Cantami, o mouse".

I lettori curiosi di rintracciare, nella mitologia delle molte e diverse età del tempo vissuto, ragioni e modi per comprendere il presente e intuire il futuro sono chiamati a leggere queste pagine. Io il libro l'ho letto, anche perché l'ho scritto. Mi domando se sempre gli autori leggano i libri che scrivono. Io l'ho fatto e il libro mi è piaciuto.

1
Tra moglie e marito non mettere il mito

Pippa. Un nome di donna, anzi un vezzeggiativo attivato da una soave lallazione. Pippa deriva da Filippa. Ci pare di sentire la tenerezza materna che intrattiene la pupa Pippa alle prese con la pappa. La pappa di Pippa. E per chi è la minestrina? Per lo zio? No! Per il nonno? No! E, vola vola vola, è per questa bimba! Una bimba destinata al *red carpet* più altezzoso e altolocato che si possa sognare di calcare. Pippa sarà famosa. Grazie a una sorella che si chiamava Catherine con l'acca, come garantisce Wikipedia che ci segnala anche il suo vezzeggiativo Kate.

C'era una volta un principe non particolarmente azzurro e non particolarmente solitario. Un principe moderno, un'altezza reale che guidava l'elicottero, beveva birra con gli amici e giocava a racchettoni. Suo fratello, più giovane e, quindi, un po' meno principe, qualche volta esagerava: beveva birra più alcolica e si vestiva da nazista. Per scherzo, si scusava. Di cognome facevano Windsor. Sì, signora mia, proprio loro. Dio salvi la regina.

Il principe principale, detto anche "erede al trono", si chiamava William e, forse, gli amici lo chiamavano Bill. Bill si innamora di Kate, che si era preventivamente innamorata di Bill, e gli eventi felicemente precipitano: gli dèi Windsor sono tutti d'accordo, i mortali Middleton pure, tripudiando. E ci mancherebbe altro.

Nel reticolo della favola si colora la cronaca dei nostri giorni: le regali nozze si celebrano in grande spolvero nella primavera dell'anno del Signore 2011. William potrebbe succedere a sua maestà la regina Elisabetta II da un momento all'altro. Il più tardi possibile, si affrettano ad augurare gli affezionati sudditi del Regno Unito. Quanto a Kate, da un momento all'altro diventerebbe principessa consorte.

Tutto va liscio, i due giovani si sposano nell'abbazia di Westminster ed è il matrimonio del secolo, anche se i soliti maligni obiettano che sia un po' presto per stabilirlo: vuoi che nei prossimi ottantanove anni non si trovino un altro paio di semidei che convolino a nozze altolocate? Aspettiamo a decidere.

Chi non aspetta, invece, sono i media che, con assiduità, nell'ultimo secolo hanno allietato tutte le feste in casa Windsor con la loro discreta presenza. Già negli anni Trenta, quando le tecnologie emettevano pionieristici e britannici vagiti televisivi, la BBC trasmise la solenne processione in Hyde Park per l'incoronazione di Giorgio VI. Gli indici di ascolto furono quelli che furono, un'inezia, ma l'importante era cominciare. Negli anni Cinquanta un'altra grande diretta: l'incoronazione di Elisabetta II. Per l'occasione la stampa inglese si preoccupò di coniare il neologismo "eurovisione" per spiegare al pubblico il collegamento tra le reti europee.

Il tripudio per le nozze di Carlo e Diana ancora rimbomba dagli anni Ottanta e continua a essere evocato dall'immane tabloid globale. Con William e Catherine i media del terzo millennio non possono che scodinzolare alla festa acclamata dietro una cortina di sicurezza di cinquemila uomini e davanti a una platea di miliardi di spettatori incantati. Ma c'è un'ombra che appanna la gioia di ciambellani e caudatari e, soprattutto, toglie il sonno al *royal art director*: le iniziali dei nomi degli sposi.

William e Catherine, WC. WC vuol dire "gabinetto", non c'è niente da fare, in tutta Europa, figuriamoci in Inghilterra dove l'acronimo ha gorgogliato per la prima volta. E non nel senso di "governo" o "ufficio", come si usa qualche volta dire in Italia. Già dire "gabinetto di sua maestà" sarebbe in ogni caso sconsigliabile, figuriamoci emblematizzare fauste nozze regali con WC ricamato dovunque, trascritto sugli inviti, le partecipazioni, i menu, istoriato sulle porcellane e i cristalli, intarsiato nelle *boiseries*, proiettato rumorosamente nelle sigle televisive. Abbreviazione impensabile e riprovevole, WC non può essere. E non è.

Si cambia l'ordine tradizionale delle iniziali nei souvenir del matrimonio. Ne deriva che la "C" della borghese Catherine sovrasta la "W" del nobile William in ogni gadget ufficiale dell'evento. La traccia in oro riservata allo sposo non basta a sminuire il ruolo di quella "C" che troneggia proprio sotto la corona. Per molto meno, in altri tempi, avrebbero diligentemente scricchiolato sugli arcigni cardini le reali porte della Torre di Londra. Ma non basteranno delle altezzose stoviglie, per quanto pregiate, a seminare la discordia sulla tavola del banchetto reale. Il mio regno per un centrotavola? Andiamo!

A proposito di centrotavola, pare sia prescritto che il ninnolo civettuolo debba essere il regalo delle cognate, invitate che hanno un ruolo delicatissimo non solo nei caserecci sponsali latini, ma anche nei vertiginosi *wedding days* anglosassoni. Come dimostra Pippa.

Pippa Filippa, la sorella di Kate Catherine, è anche lei *commoner*, bisnipote di minatori che sudarono e annerirono nelle miniere dei Bowes-Lyon, come si chiamava la bisnonna di William prima di sposare Giorgio VI. Quando si dice le coincidenze.

La cognata, memore delle rustiche origini, il suo centrotavola non l'ha voluto far mancare a Westminster. Incedendo con decisione sui suoi tacchi a spillo in bianco concorrenziale e reggendo lo strascico di sua sorella, firmava la sigla di chiusura dell'avanguardia del corteo con le sue movenze posteriori.

In pochi fotogrammi è balenato nel mondo il guizzo morbido delle sue fattezze di moderna Venere Callipigia. Natiche, insomma, buttate lì, come la mela di Eris sul tavolo imbandito per le nozze di Peleo e Teti.

Eris e la fascia di Miss Olimpo

Eris, "Discordia", detta anche "Contesa", nella mitologia greca presiedeva la litigiosità nell'arco ispido che va dalla scazzottata stradale fino alla guerra globale. I mitografi la descrivono come una donna dalla velenosa chioma di serpi che, spietata e sanguinaria, godeva nell'animare conflitti e dissidi. La rabbia furente e la coazione alla violenza crudele erano le sue specialità. A volte non ricorreva neanche a pretesti: bastava litigare, far litigare e bearsi.

La dea era figlia, sorella e moglie di Ares, il dio della guerra. È da crederci che avesse la vocazione a seminare odio: contemporaneamente tormentata dai conflitti col papà, dai bisticci col fratello e dalle liti coniugali, si era guastata il carattere. Al tempo in cui le davano retta, pur non invitandola ai ricevimenti, pare abbia fomentato anche una rissa per un celebre mancato diritto di precedenza a un incrocio tra Edipo girovago e Laio re, padre e figlio inconsapevoli di esserlo. Dei guai che seguirono ancora si racconta in tutti i teatri classici e appassionatamente si discute sui lettini degli psicanalisti.

Eris, dicevamo, fu l'istigatrice dell'alterco mitico durante le nozze tra Peleo e Teti. Mortale lui, ninfa dei mari lei: un'unione impreziosita da una democratica differenza di classe ben prima del clamore di William e Kate e di qualsiasi Cenerentola. Per celebrare il fausto evento Zeus, come si conveniva nell'Olimpo "bene", invitò tutte le personalità di riguardo a uno sfarzoso ricevimento. Il parterre dei VIP riuniti a banchetto fioriva di ospiti come Era, Efesto, Afrodite, Atena, Apollo, Dioniso e ogni altra celebrità del pantheon della Grecia antica, vale a dire dello *star system* del tempo.

Igino, nelle *Fabulae*, ci informa che Peleo e Teti trascurarono prudentemente di far recapitare anche solo la partecipazione di nozze a Eris. Come biasimarli? Astiosa sino alla cima dei serpenti, di certo non sarebbe stata un buon auspicio per la loro felicità coniugale. Ebbene, la dea anguicrinita* (per questi termini contrassegnati da asterisco si veda il breve glossario in fondo al volume), con tanto di permanente alle bisce, si presentò lo stesso ai cancelli della sala ricevimenti e, bloccata dalla *security* olimpica all'ingresso, trovò il modo di scagliare sul tavolo del convito nuziale, proprio a tiro della mano di Zeus, un prezioso quanto subdolo dono: una mela d'oro, il proverbiale "pomo della discordia".

Sull'asperrimo omaggio si leggeva, incisa, l'iscrizione "*Tè kallíste*", cioè "Alla più bella", una dedica pericolosa perché istituiva un primato ambìto da tutte le divine e vanitose commensali. Pericolosa per il giudice, s'intende, oberato dall'onere di un'elezione evidentemente discrezionale e che non contemplava premi di consolazione. I bambini che restano in noi hanno già riconosciuto il mitologema* del mancato invito e della connessa vendetta che reggono la favola *La bella addormentata nel bosco* con l'inspiegabile narcosi e il bacio del risveglio.

Le concorrenti più litigiose e determinate a conquistare la fascia di Miss Olimpo erano le molto *charmantes* Era, Atena e Afrodite. Chiunque avrebbe perso il sonno per eleggere la più radiosa tra queste bellezze: come sancire l'avvenenza suprema? E come, inevitabilmente, ammettere il fascino minore delle altre? Certo, con l'infame lancio della mela d'oro Eris non aveva designato come giudice un centauro opinionista qualunque o una ninfa aspirante soubrette, bensì Zeus, il padre degli dèi, il dominatore del cielo, del tuono e dei concorsi, oltre che infaticabile *tombeur de femmes.*

Stiamo parlando dell'editore dell'Olimpo in persona, nulla avrebbe potuto far vacillare il suo piglio deciso e la sua insindacabile volontà. Infatti, preso il pomo tra le mani, si levò dallo scranno e, tormentando la folta barba, solennemente emanò la sua sentenza: "Passo".

Per togliersi dall'impiccio, e anche per scansare le ritorsioni della gelosissima moglie Era nel caso, assai probabile, avesse preferito le grazie delle avversarie, l'onnipotente Zeus decise di delegare. E, per non fare torto ai colleghi che gozzovigliavano a tavola, addossò il gravame del verdetto a un mortale. Non uno a caso, ma un predestinato.

Per comandare c'è sempre tempo

Zeus ordinò a Ermes di scortare le contendenti al cospetto di Paride, un pastore troiano, in modo che si potessero sottoporre alle sue valutazioni estetiche. Oggi sappiamo che Paride, in realtà, era il figlio minore di Priamo, re di Troia, ma, allora, non era ancora avvenuta l'agnizione* che l'avrebbe rivelato un principe al pari di William.

Paride pascolava le pecore perché durante la gravidanza di sua madre un menagramo, uno tra i tanti tiresia indispensabili ai *plot* dei miti, aveva previsto un mare di guai scatenati dall'ennesimo figlio. Priamo era prolifico, di figli se ne aspettava una caterva e, affidandosi a quel dubbio spirito paterno ricorrente nella mitografia come nella favolistica, consegnò a un pastore il fantolino per liberarsene. Il principino, però, sopravvisse grazie al buon cuore di alcuni mandriani che lo chiamarono Alessandro, cioè "colui che protegge", e lo avviarono a una rassicurante carriera di allevatore specializzato, pare, nel contrastare gli abigeati. Mai fidarsi di terzi, come si accorgerà la spietata regina di *Biancaneve*, afflitta pure lei da problemi di mele e mandatari inetti.

Al momento della nomina come giurato unico dell'esclusivo concorso, Paride conduceva ancora l'umile vita da rustico Alessandro tra caciotte e filati di lana. Mentre le sue pecore brucavano sul monte Ida, apparvero tre dee nude come mamma, o chi per lei, nelle varie teogonie, le aveva fatte. Gli mancò il fiato e, assorto in una sconcertata contemplazione, realizzò la complessità della scelta appena gli spiegarono il regolamento. Le concorrenti, forse per eludere ulteriori rimbalzi ed esitazioni, presero subito a mercanteggiare per la vittoria. E fu il primo voto di scambio che memoria d'uomo, anzi di semidio, riporti.

La maestosa Era, regina dell'Olimpo, per ottenere un risultato favorevole offriva ricchezze infinite e poteri smisurati al punto da rendere l'elettore padrone del mondo intero. Pallade Atena prometteva il dono della sapienza e dichiarava che nei primi cento giorni del mandato, in caso di vittoria, avrebbe fatto di Paride il più valoroso tra tutti i guerrieri e il più abile tra tutti gli artisti. La seducente Afrodite, dal canto suo, assicurava che, nel caso il responso le avesse arriso, gli avrebbe regalato l'amore della più bella tra tutte le donne mortali: Elena, moglie del re di Sparta Menelao.

Menelao figurava nell'agenda di Eris tra i migliori e più rissosi confidenti, come confermeranno in seguito innumerevoli intercettazioni.

Paride ascoltò con attenzione i comizi, valutò attentamente grazie muliebri e programmi e, dopo una breve riflessione che potremmo rubricare come silenzio elettorale, votò. Assegnò la mela d'oro alla candidata che garantiva un così lussuoso appagamento delle sue smanie erotiche.

Monte Ida, collegio uninominale. Elettori: 1. Votanti: 1. Astenuti: 0. Ottiene la maggioranza assoluta: Afrodite.

La preferenza espressa per la dea dell'amore fa tornare in mente una stagionata sentenza che riassume una piccola filosofia da boudoir evidentemente ancora ignota al principe pastore. "*Cummanna' è meglio ca' fottere*": la locuzione contiene un lemma un poco greve, addolcito solo dall'intonazione che vuol essere vernacolare con quel verbo tronco del tutto meridionale, per la precisione napoletano.

L'adagio è notissimo e il suo senso molto spesso condiviso, non sempre, ma molto spesso. Il modo di dire esprime una consapevolezza freudiana *ante litteram* circa la voluttà del potere che riassumerebbe sublimazioni in campo sociale delle più intime pulsioni o frustrazioni delle sfere sessuali e, più poveramente, genitali.

I maligni ritengono, e ritenevano anche all'epoca dorata di Paride, che la tesi per cui vi è maggior piacere nell'imperio che nella fornicazione discenderebbe da un'altra constatazione, fatale, che arriva a una certa età, quando si registra una, diciamo così, diminuzione della propensione e resistenza alle corvée d'amore, d'amore fisico. In verità non è una "certa età", è un'età certa, ahimè! Generalmente è l'età in cui, quelli a cui tocca, fanno carriera e possono comandare. Come si potrebbe dire, si lascia il talamo e si scende in campo. E allora arriva questa specie di premio di consolazione che la saggezza popolare sancisce con l'adagio in questione.

Non erano davvero queste le condizioni anagrafiche di Paride quando, giovanissimo, ebbe l'occasione di emanciparsi da capre e armenti per intraprendere, con garantito successo, la carriera politica, militare e artistica. Gli sarebbe bastato un voto per primeggiare globalmente da *enfant prodige*, parola di dea. Ma niente, non ci fu verso di dissuaderlo dal ribaltare l'aforisma campano e scegliere quell'altra cosa lì che non ripeto, tanto hanno capito tutti. In fondo aveva ragione: quale gusto c'era a diventare padrone del mondo, poi? Perché non accontentarsi dell'esiguo confine del proprio villaggio o, meno ancora, della propria casa? Canticchiò nel suo dialetto frigio quell'inno che, in latino, diventerà coro della goliardia: *Gaudeamus igitur juvenes dum sumus*. E, forse, sentenziò in conclusione: per comandare c'è sempre tempo.

Ancora si sente balbettare la vecchia nenia rapsodica: "Non son padrone nemmeno a casa mia, i pantaloni li porto io ma chi comanda è mia moglie". In verità, Paride i pantaloni li dimenticava volentieri un po' dovunque: pagliai, tuguri e camere da letto. Figuriamoci, poi, se la camera da letto è quella di un re e se questo re è un tiranno che deve render conto a un'intera famiglia di rapaci conquistatori e mercanti. Questi sì che vogliono essere padroni anche a casa d'altri, soprattutto se edificata e ostinatamente riedificata dieci volte nello stesso posto, laddove, cioè, si controlla il traffico. Almeno, così Menelao aveva saputo, e, poi, confidato a suo fratello Agamennone, intercettando i racconti che un certo Ulisse aveva inteso dai naviganti del mare Oceano che narravano nelle osterie degli angiporti di una città chiamata Troia. Era costui un re minore che bazzicava le lontane isole Ionie, esperto dei vizi umani e del valore, come, più tardi, sarà riconosciuto da un altro curiosone non da poco.

Odisseo, tale era il nome greco di Ulisse, restò a lungo indeciso tra il *"cummanna'"* e il *"fottere"* e questo provocò un'odissea di viaggi e avventure e, per secoli, l'aggravio dolcissimo e indimenticabile dei programmi scolastici. Paride no, Paride scelse: incise sul tufo delle immani mura di Ilio "Paride ama Elena" e perse molti amici nel mar Egeo. E rinunciò alle pretese regali.

Quanto sarebbe utile e provvidenziale se pure taluni nostri contemporanei preferissero Afrodite al potere. Anche arrivati a una certa età, quella in cui, tradizionalmente, ci si consola come suggerisce la saggezza partenopea. Ce ne sono di testardi restii alla mutualità del desiderio che continuano a preferire i doni di Era e le promesse di Atena. Cocciuti, vezzeggiano, caparbi, il loro ego ipertrofico a cui gioverebbe un poco di sesso scapigliato invece delle tante ambasce e ansie della politica.

È anche vero che oggi la scienza si incarica di fornire supporti capaci di scardinare l'imbarazzo della scelta tra la voluttà dei sensi e le lascivie dell'imperio. Ma, attenzione, chi scende in campo per più agevolmente salire sul talamo, finisce per trascurare il bastone del comando, distratto nella gestione della cosa pubblica da preoccupazioni, per così dire, pubiche. E, questi, si attira le critiche sin dal tempo di Priamo.

Di fatto, però, neanche il giudizio di Paride fu accolto tra pacifici consensi e sportive congratulazioni. Dopo aver indossato la fascia da *"Kallíste"*, Afrodite onorò la promessa aiutando il suo elettore a conquistare Elena con quel rapimento che accese la miccia della guerra di Troia. Atena ed Era, che poco condividevano il principio per cui l'importante è partecipare, forse perché conoscevano l'Olimpo ma non le Olimpiadi moderne, si schierarono al fianco dei nemici dei Troiani. Per la gioia cupa della Discordia.

Ricapitolando, a Eris bastò un regalo estraneo alla lista nozze di Peleo e Teti per imbarazzare il signore del cielo e del tuono, rovinare una festa divina e scatenare una guerra tra mortali lunga dieci anni. Una bella personcina, insomma.

Esiodo nella *Teogonia* ci rivela qualcosa in più sulla sua famiglia. Pare avesse generato una nutrita schiera di pargoli molesti e, tra l'altro, volle fugare ogni dubbio sulla loro affabilità operando una rigorosa cernita onomastica: Pena, Oblio, Fame, Dolori e Giuramento. Si racconta anche di una sorella gemella che, poco avvezza alla contesa gratuita, agevolava lo spirito di emulazione per promuovere una sana e vivace competitività. Era una discordia utile e patrocinata da Zeus: nelle *querelles* che fomentava potremmo riconoscere il seme dell'economia di mercato e del capitalismo. Pure lei non sarà stata la compagna ideale per un ricevimento di nozze, ma al taglio della torta avrebbe potuto presenziare con tranquillità. Eris no.

Eris avrebbe reso catastrofico persino caffè e ammazzacaffè. Pur concedendole l'attenuante di una delicata situazione familiare, era da tenere alla larga dalla giovialità di qualsiasi convito e amichevole simposio.

Ve la immaginate presente in uno dei dialoghi di Platone? O disposta a benevolmente sentenziare tra i deipnosofisti? Quella avrebbe fatto litigare anche quei paciosi e raffinati buontemponi pronti alla sentenza quanto al brindisi.

La prima Wikipedia della Storia: i deipnosofisti

I deipnosofisti meritano una digressione. Erano una trentina di illustri e dotti personaggi invitati a cena sui triclini del romano Larenzio, ospite facoltoso e generoso, che amabilmente discettavano di arte, cultura, sapienza, danza, amore e cucina. Niente di nuovo in sala da pranzo, a parte la politica spicciola del giorno d'oggi.

I convitati, non senza il gongolante piacere di sfoggiare, valorizzavano le proprie idee con citazioni prelevate dal teatro, dalla poesia e dagli scaffali della biblioteca dei Greci. Grazie alle loro asseverazioni pensose ed erudite, accuratamente esaltate da buone libagioni, godiamo della tradizione di luoghi letterari che altrimenti sarebbero andati del tutto perduti. Questo racconta l'autore, tale Ateneo di Naucrati, all'amico Timocrate. Un racconto di quindici fastosi libri. Altrettanti sono andati perduti e, con loro, dobbiamo considerare perduti sofismi, aneddoti, apoftegmi*, poesie e ricette, nonostante per altre vie ce ne sia arrivato un succinto distillato.

I deipnosofisti condividevano ed esibivano la consultazione di centinaia di opere servite tra un intingolo e l'altro, agevolati da un cordiale vino resinato. Il gaudente confronto procedeva per associazioni di significato e di idee, di link in link diremmo.

Un incondito e sterminato zibaldone. La definizione è prelevata da una bella *Storia della civiltà letteraria greca e latina* che cordialmente avverte che la densa erudizione di cui sono impregnate le pagine di Ateneo è d'ostacolo alla lettura continua dell'opera. Meglio procedere saltuariamente, per sondaggi, assaggi e carotaggi. Così facevano anche gli stessi dotti convitati che saltavano di citazione in citazione e di eccitazione in eccitazione, se si parlava o raccontava di veneri e amorini, di capriole silvane e rapinose passioni.

Avevano inventato il metodo del "*wiki*". Era solo il 192 d.C., Commodo si era appena congedato da arene, circhi e sordidi palazzi del potere e gli intellettuali si mettevano a disposizione l'enciclopedia. Wikipedia verrà in tempi di banchetti meno gustosi e, forse, più asfissianti rigori filologici e scientisti.

I deipnosofisti di nulla si privavano, nulla si facevamo mancare purché figurasse nel menu dell'ariosa arte del dialogo. Immaginiamo quanto inopportuna avrebbe potuto essere Eris. Non era esclusa in quanto donna dalla cerimonialità simposiale: anche correndo il rischio di essere presa per schiava affrancata, attrice o ballerina, da *etera**, insomma, avrebbe potuto essere invitata con gradimento generale. Ma in quanto Discordia era scansata da tutti e da tutti guardata con sospetto e timore. E questo avrebbe contraddetto la regola aurea del banchetto e del simposio: conversare armoniosamente.

Immaginiamo, cari lettori, di essere a simposio, a convito, a banchetto, come antichi deipnosofisti per poter conversare ariosamente di quello che fu, di quello che è e, perché no, di quello che sarà. Ma neanche noi inviteremo Eris la Discordia: l'armonia non è proprio la sua specialità. E non la inviteremo benché si direbbe che potrebbe essere più a suo agio oggi, visto che a tavola si imbandiscono rissose trattative, sospettose conversazioni, dispute delle tifoserie calcistiche e accordi politici.

Oggi che non ci si accomoda sdraiati e neanche più seduti, ma si sta in piedi al buffet, ingozzandosi di folkloristici tris di primi e micidiali bocconcini di pesce crudo serviti con posate e bicchieri di plastica. Ho visto anche un'insegna milanese designare un locale per fulminei fast food da pausa pranzo: TAVOLA FREDDA. Minacciosamente sepolcrale.

La mela della concordia

Verrebbe da dire, a questo punto, che la povera Eris conduceva una vita grama nella Grecia antica. Infatti, abbandonato un Olimpo snob e inospitale, ha trovato lavoro nella modernità. Ha fatto fortuna in televisione: suoi i format detti "talk" e "reality show", tribune politiche e confronti elettorali. Quanto alle guerre, gli uomini fanno egregiamente da soli, ma, comunque, resta la multinazionale fabbricante d'armi Eris S.p.A. a compiacersi se queste scoppiano. Ovviamente fa affari d'oro, d'oro come la mela del mito antico, da non confondere con la mela primigenia di Eva che, pure, tanto cara ci costò. Un tempo gli uomini per scannarsi avevano bisogno anche di pretesti e alleati divini. Oggi, non sempre.

E Pippa? Da molti è già detta "mitica", non "mitologica", per questo non le basterà ancheggiare sui gradini di un tempio, dovrà camminare ancora molto. Filippa, in realtà, sorride in corteo, ammicca ai fotografi, ancheggia con le sue rotondità che, infantilmente, a una mela fanno dolcemente pensare, per la gioia di miliardi di telespettatori e biancheggia nella sua *mise* di gala. Ma ruba la scena alla sorella e al cognato. Sempre meglio rubare la scena che seminare la discordia, perché quando la discordia va a nozze, si sa come si comincia, ma non si sa come si va a finire.

Le natiche di Filippa prevalgono sulla imperturbabile solennità rituale, si muovono sinuose facendosi largo nella liturgia dell'evento: diventano protagoniste involontarie ondeggiando nel voyeurismo mediatico. Un'icona *charmante* e sensuale che occupa uno spazio che già vediamo commemorato dai link dei deipnosofisti di domani. Nel grande convito della Rete ognuno mangerà e berrà da solo, ma avrà la consolazione di condividere con un numero sterminato di amici il racconto, la storia. E, più spesso degli sposi regali, i "dotti a banchetto" del futuro incontreranno Filippa, detta Pippa, *commoner*, cognata caudataria e globale Venere Callipigia.

2
Venere e le divette

"Venere? Chi? Quella nella cozza?" tentò di precisare uno studente, durante un esame di Semiotica delle arti, interrogato sull'ingente corredo simbolico della *Nascita di Venere* del Botticelli. Il tentennamento del candidato riduceva la conchiglia, mitica e oceanica imbarcazione di Afrodite, al rango di *Mytilus galloprovincialis*: il vecchio caro peocio dei veneziani, l'ambrosiano muscolo, la cozza insomma.

Nel Meridione italiano, ma in Puglia soprattutto, si ha per questo saporito bivalve un culto squisitamente gastronomico che asseconda solide imprese commerciali. La cozza non si accompagna solo con aglio e prezzemolo nella teglia o, a crudo, con provolone e vino rosso, ma anche con un repertorio mitografico ed economico. Ho visto l'insegna di un allevamento di molluschi nei pressi di Bari sventolare il nome IL COZZARO NERO.

Siamo indulgenti, dunque, con lo studente e gli concediamo che sulle coste pugliesi Venere approdi sbarcando da una cozza come da un mezzo anfibio. Esame di Semiotica superato. Si impone, però, una domanda che attiene all'espressività sordida di certi ambiti vernacolari: perché a una donna poco attraente si dà della cozza? È l'enigma di un tropo* che, sgarbato con le signore quanto irriguardoso verso i mitili, contraddice le insistenti voci popolari circa le vigorose proprietà afrodisiache dei bivalvi.

Le ostriche, si sa, sono ricche di benefico ferro, ma, se troneggiano con eleganza nelle ricette, è soprattutto per vincere svogliatezze sessuali. Pure le cozze, che insaporiscono tavole assai umili, compaiono nell'elenco di afrodisiaci al limite della stregoneria come il tritato di corno di rinoceronte o i crostacei vivi prescritti da sciamani per incentivare le pigrizie da ansia di prestazione di satrapi orientali. Efficaci, pare, per concludere con successo il sacrificio ad Afrodite, anche le rose rosse e il peperoncino. Si spera che il peperoncino debba essere solo mangiato, ma non ci vengono fornite spiegazioni sulla posologia di tutti i rimedi. Azzardo che le rose sia consigliabile mandarle a casa dell'amata con un bigliettino profumato e che le ostriche siano gustate con una sola goccia di limone per via orale e non il contrario. Efficacissimi, ci dicono, i brillanti.

Non ci addentriamo oltre nell'escursione e continuiamo a chiederci perché le risapute virtù attribuite alle cozze non riescano a debellare quella greve associazione metaforica con la scarsa avvenenza femminile. Forse la povera cozza avrebbe guadagnato una reputazione migliore se Botticelli avesse traghettato Venere dagli orizzonti oceanici a Cipro a bordo del suo guscio nero. Ma, per i noti e comprensibili ammicchi filosofici, l'artista armatore preferì imbarcarla su una conchiglia perlacea più elegantemente ricca di indizi neoplatonici.

L'età moderna e un moderno petroliere hanno inalberato una conchiglia gialla in campo rosso per muovere e promuovere i viaggi assai meno mitici dei motori a scoppio. Giacomo Zanella, presbitero e poeta veneto precarducciano, andava in carrozza, ma sapeva catalogare i gusci meglio dello studente di semiotica e anticipò l'idea di Mister Shell dedicando alla conchiglia versi cantilenanti:

Tu, prima che desta
a l'aure feconde,
Italia la testa
levasse da l'onde,

tu, suora de' polipi,
de' rosei coralli
pascevi le valli.

Non saprei dire quanti gioviali convitati a questa mensa della critica alla quale ci siamo accomodati riconoscano alle conchiglie la familiarità fraterna con i coralli e le anemoni di mare garantita dal quel discutibile verso "suora de' polipi". Lo studente penserebbe a un ordine monastico tentacolare, tuttavia non sono da buttar via coi gusci, al dessert di un'imbandigione da deipnosofisti che confessiamo di essere, gli altri versi che suonano:

Occulta nel fondo
d'un antro marino,
del giovane mondo
vedesti il mattino;
vagavi co' nautili,
co' murici a schiera,
e l'uomo non era.

Quasi tutto l'immaginario artistico su Venere nascente conferma la conchiglia, l'onda marina, gli zefiri sereni e alcuni aggiungono putti natanti molto indaffarati. Il curioso è che l'iconografia più diffusa non si prodiga a confermare quelle divine rotondità che valsero alla dea la fama di "Callipigia", parola che in greco significa "dalle belle natiche". Solo raccomandiamo qualche ghiotto reperto, come la statua di epoca adrianea conservata al Museo archeologico nazionale di Napoli che la rappresenta mentre ruota il capo per guardare i propri glutei con un compiacimento raccontato dal bel corpo appena velato da un candido *kólpos*. Afrodite marmorea solleva i suoi vestimenti leggeri e, sinuosamente contorta, concede allo spettatore la visione di quelle grazie floride e perfette che le valsero anche l'epiteto "Calliglutea". Ci sentiamo di escludere che abbia ritrosamente distratto il volto scandalizzata dalle nude forme maschie dell'*Ercole Farnese* che nel museo le sta di fronte ed esibisce i suoi semidivini requisiti virili. Le statue, come è noto, non arrossiscono e, comunque, se volesse, la Callipigia potrebbe dare ugualmente una sbirciatina a Ercole pur senza rivolgergli direttamente lo sguardo. Una sbirciatina laterale, approfittando del suo celeberrimo strabismo, l'unico difetto che rendeva sublime la sua perfezione.

Callipigia, Calliglutea. Stiamo girando intorno alle parole: nell'italiano che ormai tutti parliamo si chiama "bel culo" e si usa una parola abusata nell'incauto repertorio fraseologico dei nostri giorni. Sempre meglio della prodezza eufemistica di tipo discografico "lato B". Venere ha un bel culo: schietto, chiaro, italianissimo. Ma sfogliamo il vocabolario.

"*Culo*: m. volg. Sedere. Di cose come bicchieri, paioli, fiaschi e simili, il fondo, la parte su cui posano": tutto qui quello che trovo nel rinomato *Dizionario della lingua italiana* del 1898 di Policarpo Petrocchi. Consulto la nuovissima edizione del 1947, completamente rinnovata, che per la prima volta ammette tra i significati quel luminoso "sedere". Oggi abbiamo l'opportunità di scrutinare dizionari moderni al punto che al buon Policarpo parrebbero sfrontati. Spigolo da uno di questi: "Culo [lat. *Culu(m)*, di origine indoeur.; sec. XIII] s.m. 1 (pop.) Sedere, deretano".

L'estensore comincia garantendo l'ascendenza etimologica latina e, andando per radici, addirittura indoeuropea. Poi assevera il significato, plebeo finché si vuole, ma accertato e comune, che tutti conosciamo. Bando, quindi, alle ipocrisie pudibonde d'un tempo che servivano solo a scoraggiare le curiosità adolescenziali del primo sfogliare il vocabolario nelle scuole ginnasiali. Ricordiamo tutti quei volumoni con nomi e cognomi scritti sulla risma delle pagine che commemoravano i vari proprietari che si erano avvicendati a sudare sui compiti in classe: "III B" o "V A" o "IV C".

Chi non ammette di aver, per prime, cercato proprio quelle parole nel vocabolario appena avuto in eredità dai fratelli maggiori o da padri e nonni è un bugiardo. Ma al tempo nostro erano vietati gli accessi troppo facili alle locuzioni che andavamo cercando e che erano frequenti sin d'allora. Il vocabolario moderno, invece, è schietto e rimedia alle arcaiche reticenze del colendissimo* Petrocchi e, prima d'abbarbicarsi a usi idiomatici, a traslati e a metonimie, squaderna subito un'imbarazzante fraseologia: "Avere *c.*, avere del *c.*" che, come sanno oggi anche i bambini, sta per "avere fortuna", molta fortuna. Ignoriamo lo statuto allegorico nel quale è ordita la consuetudine idiomatica per cui i gesti prodighi della dea bendata diventano "colpi di *c.*", così come ignoriamo la ragione per cui, a tenore di uso comune, l'applicarsi a una fatica laboriosa e stremante sia espresso col picaresco "farsi un gran *c.*".

Con dottorale sincerità, il nostro lessicografo riporta l'ampia polisemia* e non distoglie occhi e orecchie dalle consuetudini. Fa il suo lavoro: segnala doverosamente i registri linguistici consigliabili, la correttezza e i rischi per il buon costume. Il vocabolario onesto annota e consegna ai contemporanei e ai posteri, sta a costoro usar bene la lingua o deturparla o sconciar se stessi prima degli interlocutori con pratiche rozze e volgari. Noi giriamo pagina, anche se ci resta il sospetto amaro che siamo in un "*c.* di sacco". Almeno quanto a creanza.

Non ci sono più le dive di una volta!

Della Callipigia marmorea ammirabile a Napoli s'è detto, ma Sandro Botticelli sceglie un'inquadratura frontale per raccontare la sua Afrodite e, pertanto, non possiamo accertarne la florida e sinuosa reputazione. Certo, non abbiamo ragione di dubitare della sua bellezza integrale quando ci incantiamo ad ammirarla mentre veleggia sull'onda e soavemente guarda l'approdo che l'aspetta. Possiamo congetturare che rivolga lo sguardo al porto ove è diretta in cui ferve il cantiere della "città ideale", un'aspirazione che ha percorso la riflessione architettonica e filosofica degli anni in cui Botticelli dipingeva l'armonioso orizzonte della dea.

Edificare la "città dell'uomo" è un'ambizione molto antica, ma è soprattutto il Rinascimento a consegnarci tele, disegni, progetti, dipinti e utopie. E l'idea che solo la bellezza può rendere abitabile la città e umana l'urbanistica. Sarà la bellezza a salvarci? Venere, che lavora nel ramo, così lascia pensare con il sorriso insieme impudico e santo che accenna osservando il prossimo ormeggio. Noi possiamo solo convocare la speranza mentre continuiamo a congetturare su quell'approdo.

La Venere di Botticelli sorge dal mare come un astro del mattino e, sospinta da brezze e zefiri sereni, contempla una meta che, evidentemente, la seduce. Forse traslocherà dalle litigiose stanze dell'Olimpo, lascerà il pantheon per fondare un luogo dove ci sia fervore di attività e opere, giorni, fatica, arte, musica e poesia. Afrodite urbanista investe nell'architettura per edificare l'armonia con l'arte. E con l'amore. Amore di uomini e di donne.

Le dee del tempo nostro, invece, ormeggiano in cale esclusive navigli lussuosi che battono bandiere ombra e investono nel mattone e nel palazzinaro: vagliano planimetrie di ville sulla terraferma, valutano lottizzazioni, chiedono preventivi e si accertano del patrimonio del corteggiatore. Parliamo di veneri che, come dicono spesso i loro amici, stanno sedute sulla loro fortuna. Si portano dietro la virtù della Callipigia, ma questo è solo un "colpo di *c.*" che permette loro di scansare l'anatema biblico del sudore della fronte o, meglio, come dicono loro, di evitare di "farsi il *c.*". Sono veneri che hanno smesso di navigare su conchiglie lattiginose per barcamenarsi con scarsa grazia in una vita, la loro, che imita più che l'arte la cattiva televisione. Non ci sono più le dive di una volta!

Come in un telefilm, la sommaria Afrodite moderna sbarca sculettando dallo yacth *Conchiglia*, il cui armatore è un suo carissimo amico, battente bandiera di un paradiso fiscale. L'approdo è una spiaggia affollata di sue replicanti magre e abbronzate, tutte sculettanti e volontariamente sottomesse a diete feroci e luminarie ultraviolette. Non sono neanche nude, sono spogliate. "Venerano il corpo come feticcio totemico" spiega con sussiego il professore in tivù. Lei non capisce una parola, ma è tutta contenta lo stesso e una spallina le scivola mettendo a nudo un seno totemico.

Come in una soap opera, flirta con un giornalista conosciuto in una finale di Coppa dei Campioni, ma poi sposa un calciatore se i prìncipi ereditari sono finiti. In un talk show litiga con la sua speculare collega che fa la valletta e ha avuto meno fortuna e, furiosa, le dà della "zoccola*".

Come in una tribuna elettorale, le più moderne evoluzioni del suo curriculum ci informano che non disdegna di buttarsi in politica perché interessata all'appannaggio, naturalmente più attenta alla bilancia che al bilancio. Finirà per governare la città, non importa se non sarà proprio la città ideale. Il suo programma non è ingentilire la città dell'uomo, ma sdraiarsi su una poltrona di governo. Il petulante giornale di gossip, parlando di lei, titolerà: *Un'icona del nostro tempo*. Lei lo stamperebbe anche sul biglietto da visita, ma il professore della tivù l'ha convinta a non farlo, minacciando l'etimologia.

Il sorriso nudo

La parola "icona" in greco sta per "immagine" e, nell'arco delle vicende umane, ha conosciuto un itinerario semantico molto particolare. Comunemente per "icona" si intende un'opera d'arte sacra di ambito greco-ortodosso e la tradizione impone la sua venerazione in quanto tale, esito faticosissimo del mistico lavoro dell'artista nel rispetto di antiche regole cocciute e meticolose. Meno sacra e rispettabile la vorace passione collezionistica di antiquari e arredatori dei loft della modernità.

Il termine "icona" è ormai diventato come la ruchetta: invasiva e onnipresente, designa contorni banali in banalissimi menu da fast food. Nessuno è in grado di riconoscere il sapore della ruchetta come, del resto, in pochi possono riferire il significato corretto di "icona" che, tuttavia, fa da contorno banale a banalissimi discorsi. Sarebbe più saporito scherzarci su.

Marcel Duchamp, animatore del Dadaismo e non solo, lui sì che sapeva riconoscere le icone, quelle vere, e sapeva anche scherzarci sapientemente. Duchamp è l'artista che, individuando nella *Gioconda* l'icona dell'arte assoluta, la corredò di baffi e pizzetto. La malizia di quel *ready-made** deve aver ispirato i creativi di quell'agenzia pubblicitaria che, sessant'anni dopo, confezionò Monna Lisa nelle varianti dell'acconciatura liscia, gassata o committente. Un'icona robusta si può modificare ed essere oggetto di reinterpretazione, ma resiste e risponde al vilipendio. Quindi, Monna Lisa non se ne avrà a male.

A Duchamp non sarà sfuggito che la "donna-quadro" più celebre della storia dell'umanità è vestita di tutto punto e lascia tutto alle immaginazioni, anche alle più impertinenti. È Callipigia anche Monna Lisa? Non lo sapremo mai, è troppo vestita.

La *Gioconda,* oltre che l'abito, indossa una pudicizia ammiccante tanto da lambire i territori di un'ambiguità che ha suggerito i più scapricciati sospetti interpretativi: era una donna incinta? Oppure era un giovane uomo? O era l'autoritratto di Leonardo *en travesti*? Forse è soltanto un momento miracolosamente irripetibile in cui il viso si degna di un'allusione alla beatitudine e la verecondia non può concedere di più. Monna Lisa ostenta il nudo più nudo, quello del sorriso. Il sorriso nudo.

Il titolo del *ready-made* di Duchamp è *LHOOQ,* sigla che, pronunciata in francese, suona *"Elle à chaud au cul"*, un geniale *jeu de mots,* gioco di parole, che tradotto letteralmente vuol dire "lei ha caldo al culo", variante dell'ansimante e speranzosa constatazione: "lei è eccitata". Chi aveva avuto freddo alle terga, invece, in una Francia più antica, non più realista, non ancora surrealista, forse più scapestrata, erano stati i popolani di Parigi, i *citoyens* che del non aver braghe si fecero un vanto. Ironia della Storia: di demolire un *ancien régime* imbellettato, intabarrato di sete e velluti, imbambolato dai vizi e imparruccato, si incaricheranno i sanculotti, uomini *sans-culottes.* Per paradosso, la massiccia e inespugnabile Bastiglia, una volta distrutta nella Francia della Rivoluzione, resta associata per sempre a un paio di braghe. Ogni epoca ha i sanculotti che si merita e noi, in questi tempi così poco rivoluzionari, sentiamo dare della "smutandata" a signorine non irreprensibili, alla sommaria Afrodite moderna già contemplata.

Duchamp aveva un complice americano, un artista sodale che si chiamava Man Ray e che si divertì a reinterpretare il violoncello con sinuose sfumature ispirate alle grazie femminili per enfatizzare la facilmente constatabile somiglianza tra il corpo di una donna e lo strumento. Ho incontrato molti violoncellisti, tutti consapevoli.

Marcel Duchamp, Man Ray e i loro amici dadaisti sceglievano oggetti e opere dall'archivio della memoria o, più comunemente, attingevano all'immaginario collettivo, composto da nozioni condivise come icone. Noi che dadaisti non siamo, se non occasionali, abbiamo praticato lo stesso procedimento con la bottiglia della Coca-Cola, entrata nella nostra conoscenza delle immagini in modo tale da diventare salvadanaio, albero di Natale, spillette, telefono, portachiavi, maniglia e chissà cos'altro. È proprio l'arbitrio nel trasferimento del significato e delle funzioni che ne ha fatto un'icona.

Le forme così sinuose della bottiglia della Coca-Cola furono disegnate con un'intenzionale allusione alle curve femminili, come il violoncello di Man Ray. Facevano parte di un progetto più malizioso: la caratteristica di poterla rendere facilmente afferrabile insinua la constatazione di una "malizia del segno". Femmina e a portata di mano, la pausa che rinfresca.

"Aspetta, caro, sono ancora vestita!"

La malizia è spudorata nel caso del nudo, soprattutto femminile, quando è usato come icona dai media che speculano sull'efficacia della suggestione o quando, nelle movenze della vita quotidiana, è ridotto a strumento di seduzione dozzinale. Paola Borboni, grande attrice e molto spiritosa, per prendere in giro la sfacciata e finta distrazione delle comprimarie spudorate che girellavano in *déshabillé* per il palcoscenico, rispose all'attor giovane che bussava al suo camerino solo per salutarla: "Aspetta, caro, sono ancora vestita!".

Dobbiamo rimproverare la televisione moderna d'averci privato del nudo, della preziosità del nudo. Di svestizioni ce ne sono anche troppe, ma, se il corpo spogliato fa da tappezzeria alla vita quotidiana, finisce che ci abituiamo e il nudo diviene petulante, viene a cadere la pulsione del discreto, del nascosto. Anche le spogliarelliste devono liberarsi della biancheria con giudizio, ubbidendo al precetto del buttafuori del tabarin che, come direbbero i Latini, suona "*festina lente*", "affrettati lentamente".

Il balletto nel teatro di varietà, anche il più spinto, quello delle 12 donne 12 o, con aritmetica anatomica un po' scema, delle 24 gambe 24, era disegnato con impudicizia, a volte estrema, ma con una prudenziale misura: quella della distanza dell'occhio dello spettatore dai particolari più segreti del corpo della donna che ballava. Il fremente accompagnamento musicale distanziava e rivestiva le nudità più indiscrete e la lontananza dei corpi riequilibrava la situazione. Le movenze tersicoree erano costrette nel gracile codice del "lavare-lavare, gomitolo-gomitolo, lampadina-lampadina": la mimica era tutta lì, in quei gesti casarecci. La televisione, invece, guarda per noi, come fa nelle partite di calcio: se non partecipiamo con sufficiente fanatismo, ci aizza istigandoci con inquadrature tendenziose e con il ritmo e, se non siamo abbastanza osceni nelle pretese, ci pensa lei.

Nelle pagine dei mass media il nudo è maliziosamente pretestuoso o talmente superfluo da avvilirsi a patinata vetrina ammiccante. Si tocca un irresistibile paradosso quando le riviste di moda propongono sfarzosi corpi nudi, contraddicendo in pieno la loro funzione: ma non dovevate esibire vestiti e cartamodelli?

In *La nascita di Venere*, ed ecco che siamo tornati a passeggiare sui moli di Cipro per assistere allo sbarco mitico, si percepisce maggiore erotismo che in interi calendari pubblicitari dei periodici per soli uomini o, meglio, per uomini soli. Guarda caso la più famosa rivista, e anche la più lussuosa, che patina la bellezza femminile in pagine e paginoni centrali si intitola al maschile, menzionando il *boy* e non la *girl*.

Ciò che distingue il nudo di Botticelli è la non ripetibilità dell'evento: necessario, perfetto e riconoscibile perché unico. Sarà per via delle ritrosie di Afrodite con quelle mani che sembrano arpeggiare sul corpo perlaceo, sarà per una di quelle Ore che tenta di vestirla con un mantello ricamato di fiori, fatto è che arriva a noi l'universale ideale di bellezza. Intatto.

È affollata la sequela dei corpi nudi che affascinano, sgomentano, testimoniano nella vicenda dell'arte. L'elenco è lungo, ma segnaliamo Susanna, Betsabea, la cortigiana Frine, l'innominata moglie di Putifarre che sedusse l'ignaro Giuseppe, la Maya e la schiera gremita anche di figure anonime: popolane, aristocratiche, ninfe, contadine, amanti fuggitive e pastorelle, borghesucce libertine, modelle e artiste scollacciate, ignare godive e bagnanti sorprese. Nudi classici, nudi espliciti, maschere del nudo.

Non si sottraggono al palcoscenico del varietà *d'antan* divinità altezzose, alcune prodighe di sé con olimpica sfacciataggine, altre renitenti allo strip-tease, altre professioniste. Altre imbronciate e vendicative.

Guarda chi c'è, Diana al bagno!

Una di queste fece pagare un costoso biglietto alla curiosità maschile, quella di un certo Atteone. Costui era stato allevato nientemeno che da Chirone, il saggio centauro esperto di medicina, musica e astrologia, oltre che maestro indiscusso dell'arte bellica e venatoria. Gli insegnamenti di Chirone erano riservati ai più blasonati rampolli della Grecia antica: sui suoi banchi studiarono, tra gli altri, Achille, Eracle, Asclepio e Giasone. E Atteone, appunto, che prese lezioni per diventare un valoroso cacciatore.

Secondo il mito, durante una battuta venatoria Atteone, invece di andare per lepri e conigli, fece la posta a Diana mentre, liberatasi delle vesti, si rinfrescava dalla calura estiva immergendosi in una fonte della selva Gargasia. Ma la dea se ne accorse, si offese e lo trasformò in cervo per impedirgli di raccontare quanto aveva visto. Non ancora soddisfatta dal castigo, considerato che un bramito può sempre sfuggire, gli aizzò contro la sua muta da caccia: il giovane non fece in tempo a guardarsi le corna specchiandosi nella fonte che i suoi cinquanta cani, non riconoscendo il loro padrone, gli furono addosso per sbranarlo.

Dopo il tragico epilogo, il culto di Atteone si propagò nella Beozia, dove si cominciò a invocare l'eroe contro la canicola d'agosto, perché fu proprio in una torrida giornata d'estate che il giovane cacciatore fu ucciso per aver ammirato dal vivo il nudo di Artemide, una prima visione che, ahilui, fu anche l'ultima.

Se avesse avuto il teleobiettivo dei paparazzi, Atteone sarebbe ancora a raccontarla agli dèi dell'Olimpo. A distanza di sicurezza, avrebbe potuto scrutare quelle bellurie e avrebbe venduto le foto di Diana al bagno ai guardoni di tutta la Beozia. Ma Galileo era ancora di là da venire. E anche Eastman, quello della pellicola fotografica, Mister Kodak per intenderci.

Il buon Galilei, inventando il cannocchiale, ebbe di certo voglia di perlustrare il cielo stellato sopra di lui, ma la curiosità dentro di lui ci sarà sicuramente stata anche per un mondo più a portata di mano: magari per dare una sbirciatina nelle case del circondario o alle bagnanti nelle fonti. Non vogliamo pensare che non abbia intravisto le possibilità accessorie della sua magnifica invenzione. Possibilità sconosciute a Chirone, il buon maestro che non aveva previsto l'ottica nei suoi programmi d'insegnamento.

Cari dotti commensali, il biglietto pagato da Atteone per assistere a quello spogliarello selvatico e improvvisato, per quanto divino, a noi può apparire esoso, tuttavia non mancano le attenuanti per Diana impresaria di se stessa: non poteva mica rischiare che un mortale dicesse in giro di averla vista nuda e le rovinasse la reputazione descrivendo con malizia da osteria del cacciatore i dettagli più intimi del suo corpo! Atteone aveva conosciuto la sua bellezza virginea, era stato lo spettatore unico di uno strip-tease vietato ai mortali e, pertanto, era un testimone oculare da ridurre al silenzio. Quale migliore soluzione che darlo in pasto ai cani? Andò per saziare la sua curiosità e finì per saziare una terribile fame canina. In conclusione, diciamolo: a noi Atteone è simpatico e il sospetto che Diana avesse un principio di cellulite resiste.

Chissà come sarebbero andate le cose se l'allievo di Chirone avesse spiato una delle olimpicole che affollano l'attuale pantheon mediatico, una tra le veneri del tempo nostro. Queste divinità, avvezze come sono a concedere i loro corpi spogliati all'iconografia di stampa e televisione, passano per essere assai meno timide dell'austera Diana e, perciò, viene da pensare che avrebbero risparmiato senza indugio la vita del curioso cacciatore. Viene da pensare pure che a provocare la furia vendicativa delle nuove dee potrebbe essere, al contrario, la pigrizia di voyeur e cronisti attorno alle loro grazie: se c'è una cosa che la sommaria Afrodite moderna proprio non perdona è l'affronto di un Atteone distratto.

La favola di Atteone è amatissima da grandi del Rinascimento, così come da Tiziano e Rembrandt. Se dovesse capitarvi a breve di fare una gita a Caserta, vi consiglio di andare alla famosa Reggia dei Borbone. Qui potrete ammirare l'imponente gruppo scultoreo che impreziosisce la vasca della Grande Cascata e potrete comprendere perché la reticenza di Diana a mostrarsi, a spiattellare le sue nudità, abbia innescato, nei secoli, la trasgressione affidata al mitologema dalla fame di verità dell'uomo narratore, del *faber* artista. Tutto questo in una maestosa scultura. Non mancate di spedirmi una cartolina, salvate questa vecchia abitudine che, ahimé, si va perdendo. Mi raccomando che si vedano bene i corpi marmorei.

3
Titone e l'eterna giovinezza

Il corpo è un territorio, un paesaggio, una metafora dell'istigazione alla curiosità, del mistero da svelare, del deliberato tentativo di conoscenza condivisa. Ma non tutti i voyeur sono animati dalla sete di verità come il mitico Atteone: la loro fame, a volte, è quella dei guardoni che preferiscono il buco della serratura al campo nudista, il corpo celato alla modella innocente, la sfacciataggine clandestina dello spione alla contemplazione inerme di *L'origine del mondo* di Courbet.

Il titolo scheda in catalogo un dipinto che rappresenta schiettamente l'organo sessuale femminile con naturalezza quasi fotografica. È la sineddoche* sfrontata di una signorina che dicono si chiamasse Joanna "Jo" Hiffernan, una bella irlandese rossa di capelli. Le cronache pettegole raccontano che Jo ricevette innumerevoli inviti a cena della messa in posa, molti di più di quelli che pur aveva appuntato nella sua agenda prima. Dopo esaurì anche i fogli del carnet. Un malizioso gossip del tempo avanzò l'ipotesi che si trattasse, più che di critici d'arte, di meticolosi sporcaccioni curiosi di smaltire il dubbio circa la discromia fra chioma rossa e altri colori visibili nel quadro. Sta di fatto che *L'origine del mondo* è la metonimia pittorica più contesa dai collezionisti, da Khalil-Bey, diplomatico turco-egiziano e giocatore d'azzardo, sino al filosofo e psicanalista francese Jacques Lacan. Adesso è tranquilla al Museo d'Orsay.

La bella irlandese che rese famoso il suo Pigmalione è nuda per sempre, ma nuda per sempre è rimasta anche Diana che così duramente punì il voyeur venatorio. Così impara: per sottrarsi alla vista del cacciatore e per difendere cocciutamente la sua pudicizia con la smodatezza spettacolare della sua vendetta Diana si destinò, con l'opera rigogliosa di molti pittori e scultori, a diventare il mito della nudità disvelata.

Venere, invece, ostenta con civetteria le manine a far finta di nascondere i suoi gioielli in gran parte dell'iconografia che la riguarda, ivi compresa la celebre statua di Milo. Per congettura, s'intende, stante l'amputazione maliziosa praticata da qualche spudorato guardone che l'ha condannata al nudo integrale e all'altrettanto integrale ammirazione dei liceali sul libro di Storia dell'arte.

Alla storia passano i mutandoni

La fotografia in bianco e nero della Venere di Milo era, ai tempi di più micragnose e scarne bibliografie, l'unico supporto cartaceo alle ardite fantasie adolescenziali circa il corpo della donna. Il fatto è che certe generazioni del secolo scorso erano munite, a scuola e non solo, di un repertorio libresco di povera carta, con una scrittura minuscola e praticamente aniconico, ovvero senza immagini. Per Diana nuda rivolgevamo un pensiero di gratitudine ad Atteone che aveva pagato con la vita lo strip-tease della dea bacchettona.

Non sempre la patina testimoniale dei cataloghi artistici aiutava la curiosità per il nudo. Gli studenti, da quando scuola è scuola, sono invitati a una meticolosa fatica della fantasia accesa dalle foglie di fico. Ecco il sermone:

> Quindi gli occhi di entrambi si aprirono e compresero d'esser nudi. Per cui cucirono delle foglie di fico e se ne fecero delle cinture per coprirsi i lombi.

Si parla di Eva e Adamo, il quale ha già ammesso:

> Ho udito la tua voce nel giardino, e ho avuto timore perché ero nudo e perciò mi sono nascosto. [...] La donna che tu desti perché fosse con me, mi ha dato del frutto dell'albero e quindi io l'ho mangiato.

Fine del sermone, ci risparmiamo la fatica ermeneutica*. Resta il fatto che quei due avevano fatto perdere la pazienza pure al Padreterno. Eva, appena ebbe mangiato la mela della Conoscenza, corse a raccogliere due foglie di fico che, per loro natura, sono ampie e in grado di ben coprire quelle che ormai erano diventate vergogne. Heinrich Heine osservò, più cinicamente, che, quando una donna comincia a pensare, il primo pensiero è un vestito nuovo. In verità, l'episodio biblico ci assicura che anche il maschio Adamo non disdegnò la boutique.

Il primigenio espediente sartoriale evidentemente autorizzò più tardi i pudibondi ecclesiastici a ingiungere rivestimenti anche alle statue e ai dipinti. E ci fu chi sbarcò il lunario a furia di allestire mutande scultoree e pittoriche. Tale fu, per esempio, Daniele Ricciarelli da Volterra, pittore e scultore di buona lana, prolifico e noto, soprattutto, per il suo collegamento con l'ultima produzione di Michelangelo che seguì e imitò. È molto più famoso, suo malgrado, come il "Braghettone" per aver coperto con panneggi e foglie di fico i genitali dell'affresco del *Giudizio Universale* nella Cappella Sistina e, sempre in quella folla, per aver scalpellato e ridipinto gran parte della santa Caterina e l'intero san Biagio, poiché, nell'originale, quest'ultimo sembrava sbirciare il dorso nudo della Santa. E non solo.

Il povero Braghettone è passato alla popolarità imbracando genitali su disposizione del Concilio di Trento che, tra le altre cose, aveva proibito il nudo nelle opere d'arte di carattere religioso. Come tutto compenso, ha ottenuto che gli altri suoi pur insigni lavori, sono esposti perfino al Louvre, siano ignorati dai più. Ancora una volta, alla Storia passano le mutande.

Dèi veri e divi di plastica

Nella storia del mondo il favore per il corpo nudo potrebbe essere assunto come segno decifratorio di cicli antropologici e di culture anche nell'avvicendarsi di braghe e spudoratezze, di foglie di fico e spogliarelli. Lo storiografo può approvvigionarsi anche negli spogliatoi, nelle quinte dei teatri, nei casotti balneari.

Nella palestra Il Discobolo, al cineteatro Apollo e al lido Diana il nudo la fa da protagonista. L'atleta giunge nudo alla meta, al massimo tutelato da un sospensorio la signorina in tanga conquista la fascia di "Miss premiata ditta tal dei tali", la pin-up si prodiga nel burlesque con la succinta drammaturgia del décolleté e basta una tetta al vento e "il teatro se ne cade dagli applausi". McLuhan*, seduto in platea, sorride e prende appunti: ci si aspetta poco dalla Filosofia quando si è soddisfatti di considerare come "assoluto" qualsiasi cosa sia avvolta in un reggiseno.

> Povera e nuda vai, Filosofia,
> dice la turba al vil guadagno intesa

va constatando il Petrarca del *Canzoniere*. Al tempo suo la vita era breve e, spesso, grama e la condizione di nudità segnalava penuria e miseria. Per sposare madonna Povertà non si è seraficamente denudato san Francesco? Nella messa in scena giottesca vediamo le membra nude del santo fomentare, finalmente, la perfezione di quella preghiera – "Padre nostro che sei nei cieli" – fiorita sulle labbra del figlio di Pietro di Bernardone il mercante, libero ormai dal corredo secolare dei suoi abiti di lusso.

Dopo il Petrarca mancherà poco perché e poesia e pittura lascino lievemente passeggiare e, in soavi abbandoni, danzare i loro nudi protagonisti nelle città ideali, ma soprattutto in arcadie serene e pittoreschi carnevali.

> Quant'è bella giovinezza
> che si fugge tuttavia!
> Chi vuol esser lieto, sia:
> di doman non c'è certezza

verseggia Lorenzo il Magnifico e dà il "chi è di scena" a una ridda di nudi tersicorei come in un affresco del Pollaiolo, quello della villa La Gallina ad Arcetri, ma con il nudo supremo della Venere del Botticelli negli occhi. È gradita una cartolina anche da Arcetri per ricordo.

La brevità effimera ispira la malinconia di quel domani senza certezza che invita al canto, al ballo, all'amore, alle cortesie, spinge alle audaci imprese e al convito. Chi glielo spiega al Savonarola?

La novità assoluta di questi nostri tempi un po' più cupi è che ci ritroviamo a dover gestire un corpo divenuto un nostro prodotto, così come a dover gestire una nuova, lunga aspettativa di vita. Per il contadino del Medioevo, per il mercante del Rinascimento, come per il cortigiano di Versailles o di Sanssouci, siamo diventati altri. Non siamo più gli uomini che loro sono stati, probabilmente i nostri nonni ci sono estranei quanto gli abitanti di un altro pianeta. Anche le nostre nonne mormoratrici di rosari, sfiancate dalle gravidanze, dai lavori di casa e dalla cura del mondo, assoggettate a tutti gli obblighi del credere e dell'apparire, sono per le nostre madri e le nostre mogli tanto estranee quanto le donne che ornano le pareti delle grotte preistoriche o le cariatidi del tempio di Apollo a Delfi.

Dai nostri avi ci separa un mondo che non è fatto di storia, ma di corpo e, al tempo stesso, di scienza e di religione del corpo. Il loro corpo di miseria e sofferenza è diventato il nostro corpo della performance, del piacere e dell'iniziazione senza fine a tutte le gioie della vita. Il corpo è divenuto il centro di tutti i poteri, l'oggetto di tutte le nostre aspettative e perfino quelle di salvezza. Riponiamo in esso tutte le nostre speranze e da esso ci aspettiamo una realtà che altrimenti ci sfugge. Noi siamo questi esseri strani, questi sconosciuti, gli uomini e le donne del corpo.

Il corpo, dunque, come ridelimitazione dell'orizzonte esistenziale: ecco che il nudo perviene a icona, sì, ma in quanto dotazione indispensabile di una specie di nuova condizione di classe. Il nudo si è fatto merce, un'arma anonima di seduzione di massa celebrata sull'altare dei media, un altare pagano che divinizza personaggi e comportamenti, mode e stili di vita e rende la bellezza obbligatoria. Sarebbe conveniente riflettere su questo nuovo pantheon con lucidità, ragionevolezza e ironia. Non lasceremo che i cani della cecità ottusa divorino altri Atteone. Diana se ne faccia una ragione: se proprio ci tiene, può rivestirsi.

Gli dèi che sfilano sull'altare del divismo di massa sono riconoscibili per la prevedibilità degli abiti: la bellezza come autorizzazione sociale a esistere, l'erotismo onnipresente e tassativo, il sorriso obbligatorio e la giovinezza da prorogare indefinitamente come faceva Afrodite "Ambologera", ennesimo epiteto che designa della Callipigia anche la facoltà di ritardare la sua vecchiaia per restare giovane in eterno.

Il nudo di Venere appartiene all'Arte, non teme il tempo, così come non temono i secoli le armoniose forme di Giunone dalle bianche braccia e il severo fascino della casta Diana. Perfino Elena, tra tutte le donne la più bella, invecchierà, ma loro no, loro sono dee immortali e sempre in buona salute, perché senza la salute l'eternità sarebbe terribile e feroce.

I divi dei mass media, invece, non vivono sull'Olimpo, anche se a volte sembrano crederlo benché non sappiano dove si trovi, e si sforzano di conservare la giovinezza con mille artifici tutti umani, visto che solo il corpo degli dèi è dispensato dal raccontare gli anni con il segno delle rughe e delle fiacchezze. Il corpo degli dèi veri, cioè quelli falsi e bugiardi. Titubate, lettori e convitati? Veri perché pensati, inventati, descritti, cantati, incisi, scolpiti, dipinti, invocati dalla fantasia umana che si trasmette nelle generazioni e lascia la sua traccia nella Storia dell'uomo con le tante storie che l'uomo ama raccontare. E adesso ascoltiamo cosa ha da dirci a proposito il più saggio qui a tavola, il più vecchio, chiedo scusa, il decano di tutti noi deipnosofisti.

Aurora bocca di rosa

Felicissima sera a tutti questi signori incravattati, a questa comitiva così allegra, uomini chic e femmine pittate. *Zan zan zan!* Cari amici, scusate l'intermezzo.

Giunti a questo punto della conversazione e dei brindisi, sdraiatevi o sedetevi o fate come più vi piace e ascoltate l'antica favola di Eos, l'Aurora di bianco vestita le cui dita color di rosa aprono le porte del cielo al carro del Sole.

Eos era una fanciulla incantevole: non c'era dio, semidio o mortale che potesse vantarsi d'essere insensibile al suo splendore. Dante stesso nella *Commedia* canterà come "la bella Aurora" apra la scalata del Purgatorio.

Figlia della Notte e sorella di Elio e di Selene, per gli amici Latini il Sole e la Luna, Eos andò in moglie al titano Astreo e con questo concepì i venti e le stelle. Il loro fu un matrimonio d'amore, ma la ragazza dimostrò ben presto di non essere la più fedele tra le mogli. Si pettegolò con voracità di una fugace liaison con Zeus, per esempio, una scappatella che generò Ersa, la dea della rugiada, e questa con il sovrano dell'Olimpo non fu che una delle sue numerose relazioni extraconiugali. Del resto, Aurora era destinata a continui e smodati amori per via di una fattura che le era stata impartita da Venere quando l'aveva scoperta nel furtivo rapporto con quel cafone di Marte, per gli amici Greci Ares, per tutti il dio della guerra. A onor del vero, neppure la Callipigia era proprio uno stinco di santa, anzi tradiva accuratamente e appassionatamente il marito Vulcano, un fabbro scorbutico dai modi spicci spesso assente da casa perché impegnato nel business delle forniture belliche a dèi, eroi e mortali. Vulcano non si dava pace, però pure lui: andarsi a prendere per moglie una diva che a Corinto si era scelta il nome d'arte Afrodite "Porne", la "meretrice". Che si aspettava? *T'è piaciuta, t'è piaciuta, tienitela cara cara, la portasti sull'altare, sottobraccio a te, Vulca'. Se il melone è uscito bianco, mo' con chi te la vuoi piglia'?* Scusate ancora, sono imperdonabile.

Dicebamus: Afrodite come pulpito era piuttosto scadente, però non poteva sopportare che Marte, il più assiduo tra i suoi amanti, oltre che il più cospicuo committente di suo marito, non come quei pessimi pagatori che erano i mortali, dedicasse la sua passione anche ad altre femmine. Forse per orgoglio o forse per vanità, condannò Aurora al castigo di innamoramenti insaziabili assecondati da una ninfomania da contrappasso, come per dire: "Visto che t'è piaciuto, adesso lo farai anche troppo spesso. Soprattutto con i mortali"

Fu così che i Greci presero a chiacchierare sugli innumerevoli amori di Eos, tra i quali grande scalpore destò la struggente love story con Titone, il bellissimo pescatore fratello di Priamo e, perciò, ulteriore figlio della stirpe di Troia pure lui. Benché fosse un mortale, Eos se ne invaghì alla follia, lo rapì e stabilì con lui un idillio *more uxorio*. E l'Alighieri del canto IX del *Purgatorio* la additerà come "la concubina di Titone antico".

Finché c'è la salute

Giove, o Zeus, fate voi, sperando che l'incontentabile Aurora potesse tirare i remi in barca con quel pescatore, tollerò la relazione e, su insistenze esplicite della ragazza, fece un regalo di fidanzamento ambitissimo: l'immortalità dell'uomo amante. Le cronache non parlano di nozze ufficiali, piuttosto di una sterminata luna di miele. Ma non finisce qui la storia.

L'implorazione di Aurora aveva una lacuna: la svagata e bellissima aveva dimenticato di chiedere per l'amato, con la vita eterna, l'eterna giovinezza. Titone, naturalmente, invecchiando, fu infiacchito e prostrato dalle malattie e dalla decrepitezza. Piuttosto che far da badante per l'eternità ai resti sempre più macilenti di quel che era stato un gagliardo amante, quella malafemmina di Eos lo trasformò in una cicala. E la cicala, ancora oggi, saluta col suo canto l'Aurora di bianco vestita le cui dita color di rosa aprono le porte del cielo al carro del Sole. Se si può trarre dalla favola un insegnamento, è questo: quando c'è la salute c'è tutto.

Ho fatto una ricerca su Eos nella Rete, non quella del pescatore di *'sto mare di Posillipo*, pardon, troiano, volevo dire troiano. Ho cercato nella Rete dell'intelligenza collettiva un'immagine di Aurora per poterla donare a voi, o convenuti al nostro simposio, ma non la posso allegare perché sono comparse le fotografie di un solo dipinto del quale non è facile acquisire i diritti, di molte versioni di un'automobile tedesca modello cabrio e di una penna stilografica italiana. Ho anche ascoltato una bella pagina del melodramma di Leoncavallo che ora vi canterò, perché non resisto alla tentazione dell'intermezzo musicale:

> Metti anche tu la veste bianca
> e schiudi l'uscio al tuo cantor!
> Ove non sei la luce manca,
> ove tu sei nasce l'amor.

Si è fatto tardi, chiudiamo il sipario, si spengono le lanterne e si accendono le cicale, il frinire di Titone. E noi continuiamo a cantare della vecchiaia e della bellezza.

Racconterò di Anne de Lenclos, Ninon, per i molti amici, gentildonna e letterata che tenne a Parigi il suo famoso salotto buono al principio del secolo dei Lumi e allo scadere di quello del libertinaggio. Celebrata per la sua vita galante, Ninon praticò con convinzione le ragioni dello scetticismo nel cuore dell'età bacchettona di Luigi XIV, ammaestrando contemporanei eruditi, consunti aristocratici, rampolli di rango e perditempo scioperati di ogni risma nell'arte fine del godersi la vita. I frequentatori del suo *salon* percorrevano le strade del più consapevole edonismo scialacquando patrimoni stagionati e sopravvissuti alle orge di padri, nonni e bisnonni. Gli avi non potevano che limitarsi a vigilare arcigni dall'alto dei dipinti a olio, oltraggiati e affumicati dal tempo, dal sego delle candele e dall'incuria delle serve. Sembravano più vecchi di quando erano stati dipinti: invecchiano anche i ritratti.

Il fascino di Ninon era irresistibile, superiore alla sua bellezza che pure era rimarcabile e rimarcata dagli innumerevoli corteggiatori. Incantevole suonatrice di liuto e ballerina soave, i pochi fortunati che ascoltarono il suo canto riferirono di una perfezione di toni senza pari. Imparò a tirare di scherma e a cavalcare e mai abbandonò lo studio appassionato della filosofia. Maestra dell'arte della corrispondenza amorosa, i numerosi uomini che la accompagnarono trovarono in lei una consigliera riservata e un'amica brillante con cui discutere di musica e di politica, di poesia e di scandali pubblici, di galanteria e di letteratura.

Nell'ariosa dissolutezza calcolata di quella speculazione filosofica che fu la sua esistenza, Ninon dipanò la vita come fosse un'opera d'arte o, meglio e, forse, più "wildianamente*", visse l'arte della vita con maestria. Avrebbe potuto inquietarla un solo inferno, quello indicato da La Rochefoucauld che ammoniva: "L'inferno delle donne è la vecchiaia". Avrebbe potuto, ma non andò così, perché Ninon contrastò l'aforisma con la sua condotta, i suoi amanti a cui fu infedelissima, i suoi amici a cui fu fedelissima e le sue opere.

Non, rien de rien, non, je ne regrette rien. Ni le bien, qu'on ma fait, ni le mal tout ça m'est bien égal!

Anche nei testi apocrifi afferma di non credere alla vecchiaia come inferno delle donne. E l'inferno degli uomini?

Molta acqua è passata sotto i ponti della Senna e qualche Bastiglia di troppo è stata combusta da quando la mitica Ninon teneva salotto salutata come la maestra indiscussa del pensiero scettico e libertino. Ninon fece in tempo a constatare sul suo viso le implacabili nuvole degli anni che Voltaire notò e puntualmente descrisse come "segni ripugnanti della vecchiaia". Ma se ne infischiò al punto che, ormai più che settantanovenne, differì la resa alle assillanti premure di un giovanissimo corteggiatore al giorno dopo il suo compleanno solo per il piacere di vantare un consesso amoroso da ottuagenaria. E c'è chi si accontenta della torta con le candeline!

Ninon autorizzò a scrivere che lei nascondeva l'amore tra le rughe. Anna Magnani, molto più tardi, rivendicherà orgogliosamente le sue, di rughe, ricusando le premure di una truccatrice con l'avvertimento: "Ci ho messo 'na vita a procurarmele". La faccia è un paesaggio, ma, se non si è un'attrice geniale e affascinante, può essere un paesaggio infernale. E l'inferno degli uomini?

Oggi Ninon e La Rochefoucauld converrebbero che la vecchiaia vale anche come inferno degli uomini, un inferno a senso unico che si stende, perentorio, dalla cultura del corpo per arrivare al moderno edonismo salutistico, al giovanilismo dispotico, alla pornografia della bellezza a tutti costi.

Oggi le età sono tre: giovinezza, maturità e "ti trovo benissimo". L'industria culturale, ignota a Ninon, avverte che si deve essere e restare giovani, sempre più giovani. Il culto pagano del consumismo non transige su questo.

Oggi che fa il maschio quando appura, giorno per giorno, il verificarsi naturale del processo di invecchiamento? Non si considera placidamente incamminato sul sentiero della "serena vecchiaia", ma si ritrova indifeso e sperduto per svalutarsi come insulso rottame, appartato residuo, ingombro inutile. Accede a un percorso ben noto alle donne da sempre, quello verso "l'inferno". Sbagliato, naturalmente, ma così impara: chi fabbrica inferni, ancorché virtuali, prima o poi è destinato a batterne il lastrico.

I maschi raccolgono tempesta e anche loro stanno lì, davanti a specchi impietosi, a scrutare zampe di gallina, rughette d'espressione, maligne avvisaglie di pancetta. A tavola proclamano rifiuti severi, si celebrano rinunce di fritti misti e di peperonate, si brinda con bicchieri colmi d'acqua ad amori sempre più innocenti e, non potendo peccare più di tanto, prendono forza i rimpianti e tramontano i rimorsi. *Signorinella pallida, dolce dirimpettaia del quinto piano...*

Ricattati da mode e persuasori non tanto occulti, i maschi hanno scoperto il disagio e l'affanno di correre dietro agli idoli proclamati dalle patine dei giornali, dai media e dalla boutique di massa. Il mercato è pronto a soccorrere, però, e pubblicizza, vende, impone consigli, diete, prodotti, merci, chincaglierie parascientifiche e ciarlatanerie, fatturando cifre enormi a spese delle nostre arteriosclerosi, delle impotenze repentine, delle impietose lombosciatalgie, dei variegati stress da vita quotidiana, dei minacciosi rimbambimenti. Aggirarsi per questo mercato, questo sì, provoca un'ansia mostruosa. E se la smettessimo? *Pigliate 'na pastiglia, pigliate 'na pastiglia siente a mme, pe' me fa addurmi' pe' me fa scurda' il mio dolce amor.*

Quello che le sirene cantano

Spegniamo la ribalta e scendiamo dal triclinio dello psicanalista, in fondo se abbiamo inventato gli dèi è per attribuire a loro infinitezza, perenne giovinezza e noia sempreverde, oberandoli dei nostri difetti e delle rare virtù umane. Spetta a loro accomodarsi non soltanto su altari effimeri, ma anche, e soprattutto, nelle storie della nostra Storia.

Si narra che Ulisse reduce, prima di invecchiare irrimediabilmente, abbia raccontato a suo figlio Telemaco, che a sua volta avrebbe riferito a suo figlio e così via per generazioni, che le Sirene non cantavano come pensiamo noi, niente affatto. Nessuna serenata ai marinai, neanche una canzonetta, assicura Cicerone. L'ostinato e curioso Odisseo, perciò, non si sarebbe beato di musica, ma pare che da quelle voci abbia ascoltato la verità. La verità che può essere un peso insostenibile.

Ecco perché i naviganti si incagliavano ai loro scogli: per bramosia d'imparare la vera natura delle cose e degli uomini, anche al prezzo di affrontare il dramma della vita, comprese la fatica, la vecchiaia e la morte. Sarà per questo che la sirena, oggi, quando suona per le strade, nelle patrie questure e sui tetti delle fabbriche, allarma e segnala. E Ulisse metalmeccanico timbra il cartellino per l'inizio del turno: non si può mica mettere la cera nelle orecchie, troppo comodo.

Quegli uccellacci abbarbicati sugli scogli ammonivano con la verità i Greci naviganti, anche i marinai con le orecchie otturate. Uccelli, sì, perché soltanto molto più tardi dell'*Odissea* le Sirene hanno perso le penne per guadagnare code di pesce sui vasi della Magna Grecia e guizzare nelle fantasie di poeti e favolisti, nei cartoni animati e nel porto di Copenaghen.

Le Sirene pennute invitavano l'equipaggio di Ulisse, e quindi tutti noi, a riflettere: e se accettaste il piano e sereno scorrere del tempo? Se consideraste la vostra semenza per quello che è, cioè dolcemente effimera? Se vi accontentaste di fare una capatina ogni tanto dal medico di fiducia? Se riservaste un'olimpica indifferenza per il fluire degli anni? Potreste praticare una sana e intensa vita all'aria aperta e una affettuosa frequentazione solerte con sesso ed erotismo, potreste usare di più del vostro corpo accontentandolo ogni tanto nei suoi piaceri della gola.

Gioite di più di quel che avete senza soffrire per quel che non avete. Insomma, fregatevene di più! Avrete più tempo per tante cose: per viaggiare, per esempio, magari per venire a trovare noi, Sirene vere, non quelle fatue, ingannevoli e ammaliatrici. Questa è musica per le nostre orecchie.

Diamo retta alle Sirene alate di Omero e avremo più tempo per leggerlo e anche per praticare altri buoni libri. Come *Lighea* di Tomasi di Lampedusa, dove si racconta dell'amore di un vecchio professore e di una Sirena che melodiosamente rassicura: "Non credere alle favole inventate su di noi: non uccidiamo nessuno, amiamo soltanto". O come questo *Lettere sulla vecchiaia* che ho qui sotto mano, opera di Madame de Lenclos scritta a due mani, a due mani tremanti, con Monsieur de Saint-Évremond. Due vecchi e lucidissimi maestri di quel *bon vivre d'antan* senza cui si invecchia male, malissimo. Come Titone.

4
Se Giulietta avesse avuto il cellulare

Pippa invecchierà più velocemente di Filippa Middleton.

Filippa, per quanto potrà approfittare delle regali raccomandazioni per consultare medici, specialisti e fattucchiere, crediamo che avrà i suoi alti e bassi come tutti nella vita. Farà bene a incassare con sospetto i complimenti gregari degli adulatori e, se sarà oculata e prudente, farà anche bene a trovarsi un lavoro senza investire solo sulla popolarità da Callipigia. Quando arriverà il giusto tempo, poi, affronterà una vecchiaia serena e non le mancheranno le parole per spiegare ai nipotini le ragioni della sua celebrità giovanile.

Pippa, invece, non è in pensione che andrà, ma finirà presto in archivio. Perché Pippa è una nota di costume e società. Si riempirà rapidamente delle rughe e degli acciacchi delle cronache attempate, fino a quando tornerà utile solo nelle ricorrenze per occupare la pagina delle notizie e delle curiosità *vintage*. La pagina on line del futuro già cominciato, naturalmente.

Pippa ce l'ha fatta a diventare un'icona? Sono bastati quei pochi secondi immortalati dalle telecamere in cui, come personalissimo regalo di nozze, sculetta sotto l'austero portale dell'abbazia di Westminster? Mentre scriviamo non sappiamo rispondere, nel frattempo gli altari dei tabloid hanno già celebrato l'evento.

Lasciando le sale del Museo archeologico nazionale di Napoli, abbiamo riflettuto sulla fatica, anche in termini di tempo, che costò a Venere rimediare il piedistallo della fama: una volta, perché il fondoschiena ti rendesse immortale, almeno doveva essere divino. Oggi basta quello "reale", come si dice del tempo.

Gli importanti studiosi della società dell'informazione, pure loro inclini a brindisi e banchetti, anche virtuali, parlano di "tempo reale": che il tempo fosse galantuomo è una storia che tutti ci siamo sentiti ripetere dai nonni, ma che fosse addirittura nobile è una novità che ci ha insegnato la modernità. Dunque tempo nobile, aristocratico, prezioso? No, studiosi e cronisti intendono il tempo vero. Allora esiste anche quello falso? Quasi. Per convenzione si intende che il tempo vero sia quello della sincronia, della comunicazione "in diretta" che si contrappone alle trasmissioni "in differita".

Solo la comunicazione "reale" è pura e fedele, perché nessun lasso di tempo intercorre tra la partenza del messaggio e il suo arrivo. Qualsiasi intervallo di tempo fa invecchiare il messaggio che, mutato il contesto e affievoliti i motivi che l'hanno determinato, rischia di non obbedire alle ragioni dell'invio, intenzionali o no. Le informazioni, se perdono tempestività, si logorano e possono cambiare significato.

L'uomo ha sempre cercato di conseguire la sincronia del comunicare per scambiare informazioni utili alla sua esistenza e per migliorare le condizioni pratiche della vita quotidiana. Nella nostra epoca è riuscito in gran parte nell'impresa: le tecnologie offrono ormai a tutti la possibilità di inviare e ricevere messaggi in *real time*. C'è da dire che il tempo reale è un concetto illusorio, ma si fa apposta a non tener conto di quell'infinitesimo scarto che pure intercorre sempre, inevitabilmente, in ogni comunicazione. Le tecnologie hanno reso questo scarto ormai irrisorio e solo gli esperti lo percepiscono, noi non ce ne accorgiamo neppure, ma c'è, almeno fino a oggi. Domani si vedrà, visto che oggi le cognizioni della fisica sulla velocità della luce battuta al fotofinish dai neutrini hanno aperto le vie a riconsiderare la misura del tempo. Adesso non abbiamo tempo per approfondire.

La comunicazione in tempo reale consente che un messaggio sia recepito senza fraintendimenti, sempre che sia concepito in un codice e in una lingua comuni tra i protagonisti, soprattutto se innamorati. Gli amanti si intendono al primo sguardo e, anche se sono maestri nell'accanirsi sugli equivoci, si scambiano messaggi in sincronia perfetta. Prendi il bacio.

Il bacio tra due innamorati vive nello stesso tempo per entrambi, per chi lo implora e chi lo concede. Un bacio fisico, corporeo, tra le labbra di due persone, perché quello inciso su di una foglia, scritto su una pergamena, descritto nelle pagine di un libro, cantato sotto una finestra, offerto per telefono, digitato in un SMS o mimato in un aeroporto, quello no, quello ha il suo tempo di viaggio, lungo o brevissimo che sia. Per gli innamorati è sempre troppo lungo. Per gli innamorati, più attenti al fisico che alla fisica, "chi ha tempo non aspetti tempo".

Come ogni comunicazione, però, anche il bacio ha bisogno di un suo tempo preparatorio, tempo che una volta era lungo o lunghissimo e permetteva addirittura al mittente di cambiare idea. Quanti baci sono stati implorati da postulanti che poi si sono pentiti, quante dichiarazioni d'amore sono partite troppo presto o arrivate troppo tardi!

Paolo e Francesca. Il medium si innamora del destinatario

Gianciotto Malatesta, per esempio, mandò un messaggero a chiedere in sposa Francesca da Polenta, in verità nell'ossequio alla ragion di Stato più che spinto dalle tentazioni del talamo, ma comunque chiese la mano come si usava ai tempi. Siamo nell'alto Medioevo e l'unico mezzo sincronico di comunicazione tra persone lontane era la telepatia, privilegio esclusivo, e per altro dubbio, di santi e anacoreti dopo sfibranti veglie mistiche. La comunicazione a distanza, pertanto, doveva essere affidata alla pagina scritta, all'ambasciata e al pettegolezzo, da sempre, quest'ultimo, formidabile strumento di trasmissione delle conoscenze sia nelle corti sia nei cortili. Dato che le persone in grado di leggere e scrivere erano una sparuta minoranza anche nei ceti altolocati, il passaparola restava il *top*, era una specie di Google News popolano e malizioso.

Boccaccio, nel suo commento alla *Commedia*, pare molto interessato al focoso idillio di Paolo Malatesta e Francesca da Polenta, e inaugura una sequela di studi sulla cronaca poetica di Dante su quella passione.

> La bocca mi baciò tutto tremante.
> Galeotto fu 'l libro e chi lo scrisse:
> quel giorno più non vi leggemmo avante

verbalizza, confessandosi, Francesca negli endecasillabi danteschi. È l'epilogo della vicenda e sembra di vedere la brezza di Romagna, "solatìa, dolce paese" anche prima dei tormenti fanciullini del Pascoli, sfogliare soavemente le pagine di un libro abbandonato sul leggio dai due lettori ormai in ben altre faccende affaccendati. Le pagine che avevano indotto gli amanti romagnoli in tentazione narravano le vicende della relazione adulterina tra Lancillotto e Ginevra. Un libro fu intermediario d'amore, dunque, così come intermediario era stato quel Galehaut di cui le pagine raccontano.

Ennesima e breve digressione: costui, Galehaut, pur non avendo niente a che fare con carceri e galere, è diventato Galeotto nella *Commedia*. Fu poeta e uomo di corte ai bei tempi di re Artù, siniscalco della regina Ginevra nonché mezzano nel suo intrallazzo sentimentale con Lancillotto. Della tresca Galehaut si rese testimone volontario, perché la sua malleveria era indispensabile, soprattutto nella fase di esordio dell'idillio, posto che, nel prontuario delle regole dell'amor cortese, il primo bacio concesso dalla dama al postulante aveva il valore di investitura amorosa e, pertanto, richiedeva certificazione testimoniale. Bacio doveva essere, più che mai dal vivo e in tempo reale.

In tempo reale e dal vivo fu anche il bacio tra Paolo e Francesca. Per esplicita confessione di Francesca da Rimini, già da Polenta, fu scambiato senza testimoni se si esclude, e non si può, il libro che i due bacianti avevano disertato per non fermarsi più nei maneggi erotici. Il libro diventa Galeotto, il Galehaut della situazione, ma al liceo non mancammo di dargli del carcerato e di infierire su chi l'aveva scritto come mandante.

Il filologo va in solluchero* per il gioco di parole onomastico, ma a sciupare la festa arriva, anch'egli in tempo reale e dal vivo, l'unico che non doveva sapere e vedere, Gianciotto Malatesta, marito per procura e ragion di Stato, che sorprende i due amanti e trafigge entrambi con un unico colpo di spada. Come il messaggio "bacio" era stato sincronico, lo è anche la morte degli amanti. "Amor condusse noi ad una morte" si dispera Francesca e ricorda la schidionata* che pose fine ai suoi giorni e al suo amore. Bizzarria del contrappasso: la bella romagnola compila la sua icona immortale volteggiando nella bufera infernale così diversa e prepotentemente drammatica dallo zefiro sereno che sfogliava il suo libro.

La tradizione contrasta arruffatamente con le cronache storiche. La storia ammette che, su tutta la vicenda, sia stato steso un sudario di ipocrisia e siano stati tacitati anche i più irriducibili pettegoli. La tradizione, però, insiste: Paolo aveva, da principio, solo il ruolo di messaggero d'amore, incaricato dal fratello Gianciotto di notificare la proposta di matrimonio. Partì, dunque, il messaggero per raggiungere Francesca, dotato di ampie credenziali e del ritratto del pretendente. Ritratto spietato, dicono, che nulla smussava delle asperità di Gianciotto, detto "lo Sciancato", uomo storpio, tracagnotto, rozzo d'aspetto e di carattere almeno quanto Paolo, detto "il Bello", era slanciato, elegante, sensuale, affascinante, ben costumato e seducente. Il bellimbusto avrebbe dovuto limitarsi a notificare una richiesta di matrimonio del fratello e, invece, si mise a cincischiare, traccheggiare e corteggiare con musica e parole. Naturalmente nacque subito la simpatia con Francesca che, povera ingenua fanciulla, aveva visto il ritratto di Gianciotto a corredo della pretesa nuziale e anche il suo latore, che era Paolino Settebellezze. Il messaggio era chiaro, ma il messaggero lo era di più. McLuhan gongola, postilla sul Moleskine e prova a parafrasare: "Il messaggero è il messaggio".

Sui nostri quaderni scolastici qualche scavezzacollo postillò, più rusticamente, che il mittente fu fatto cornuto dal postino. Il cornuto, molto arrabbiato, era Gianciotto, il primogenito dei Malatesta, casato citato dal Pascoli nella dolcezza della commemorazione:

Romagna solatìa, dolce paese,
cui regnarono Guidi e Malatesta,
cui tenne pure il Passator cortese
re della strada, re della foresta.

Il Passatore si chiamava Stefano Pelloni ed era un bandito detto "cortese" perché rubava spesso ai ricchi e qualche volta dava ai poveri. Secondo Wikipedia è antenato di Raffaella Carrà che, prima di diventare star della tivù, da ragazza "faceva" Pelloni. Quanto ai Malatesta, per tenere la Romagna all'epoca del celebre adulterio, si arrangiarono a non farla troppo lunga e minimizzarono su galeotti, libri, baci furtivi e delitti d'onore. Lasciarono il compito di raccontar l'amore agli inoffensivi poeti e affidarono ai politicanti di corte l'incarico di evitare la guerra. Soluzione medievale, al tempo in cui, cioè, i mezzi erano striminziti: come s'è detto, la comunicazione si affannava con strumenti artigianali, rustici, poco veloci ed efficienti.

Cominciamo col dire che gli amanti avevano un solo libro a portata di mano, anzi di mani e di occhi. Nella Romagna del Duecento, con quello che costavano i libri, scritti ancora a mano, le biblioteche erano frugali e, a parte un messale, la Bibbia e gli Atti degli Apostoli, c'era poco da scialare. Nello scaffale dei da Polenta figurava anche una versione del *Lancelot*, romanzo arturiano, ovviamente in un unico esemplare pagato al copista da qualcuno di casa appassionato di letteratura. Forse, più tardi, nello stesso scaffale, Francesca, se l'avesse fatta franca, avrebbe potuto leggere le poesie di Dante del Dolce stil novo, lo stile sul quale, a malincuore, l'Alighieri fa autocritica. San Tommaso aveva detto "Guai all'uomo di un solo libro", Dante registra guai all'uomo e la donna di un solo libro.

Un solo libro invita alla lettura condivisa, favorisce sfioramenti di polpastrelli che inseguono la scrittura onciale*, costringe a contiguità di fiati e respiri. E i fiati e i respiri ci mettono poche rime a diventare sospiri e ammicchi. I due giovani sono stati messi come la paglia vicino al fuoco: l'ambiente chic, poco frequentato dalla servitù forse maliziosamente appartata, alle prese con uno stereotipo letterario irresistibile, è già tanto che si siano contenuti fino alla descrizione del bacio galeotto di Lancillotto e Ginevra. E, poi, gravava sui loro colloqui lo sguardo bieco del ritratto di Gianciotto che minacciava il connubio con quello che, secondo leggenda, di tutti i Malatesta era sicuramente il più brutto. Photoshop ai tempi non c'era, ma comunque viene da domandarsi quale sia stato il pittore tanto inclemente a cui si rivolse il pretendente per effigiarsi e presentarsi alla diletta. Possibile che non abbia trovato un artista in grado di abbellirlo? A giudicare da certi ceffi che compaiono come astanti negli affreschi e nelle pale d'altare, c'è da pensare che gli artisti infierissero sui committenti in preghiera e che Paolo abbia avuto il gioco molto facile. Il bighellone messaggero si è fatto forte proprio della qualità del messaggio.

Ancora oggi, la serenata dell'anafora struggente del V dell'*Inferno* persiste come un mito incancellabile nell'immaginario colto, ma anche nel bisbiglio tra innamorati in trattativa. Ho letto sul muro di un'università:

> Amor, ch'a nullo amato amar perdona,
> mi prese del costui piacer sì forte,
> che, come vedi, ancor non m'abbandona.

Ed era la facoltà di Ingegneria, non di Lettere. Dante è servito e, proprio con il contrappasso, diventa lui Galeotto come aveva fatto diventare il *Lancelot*. La popolarità si paga con un prezzo che può essere la rassegnazione del genio a dover accettare qualche compromesso, come nel caso delle terzine cruciali che finiscono nei cartigli per fasciare dolcemente i cioccolatini. Ma i poeti, sotto sotto, godono di ogni divulgazione, anche con ripieno di nocciola. Persino il Bardo avrebbe gradito il tributo dell'anonimo esegeta shakespeariano che ho visto palpitare su di un muro barese, tra un graffito e l'altro:

> Rita
> che se la rosa non si chiamerebbe rosa
> *Rita era il suo nome*

Con sprezzo del congiuntivo e del condizionale, ma con tremori da Romeo. Ho usato il graffito in un colloquio accademico con gli studenti di Semiotica delle arti che si scandalizzarono del reperto vernacolare presente in un libro in cui riflettevo sul mito veronese, ma cambiarono idea al momento di affrontare l'esame, perché l'aneddoto meglio aiutava a decifrare l'antica e commovente novella, resa famosa da Shakespeare, che narra di Romeo Montecchi e Giulietta Capuleti. Ricordiamone la trama.

Se Giulietta avesse avuto il cellulare

Due adolescenti vivono un repentino e fulmineo incontro d'amore, si riconoscono figli di genti irriducibili nemiche tra di loro e, nonostante tutto, osano sfidare il destino, le faide, l'odio reciproco delle famiglie e l'ottusità della signoria. L'adolescente Giulietta, affacciata al suo balcone e munita di robusti dubbi semantici, chiede: "Romeo, Romeo, perché sei tu Romeo?". Romeo non lo può sapere e, a noi, non è dato sapere se ci sia stato un nonno con lo stesso nome, il vecchio Montecchi. Romeo non può rispondere, oltretutto, perché è nascosto: tace e sospira. Ma Giulietta vuol dire un'altra cosa e, con la celeberrima perorazione* onomastica, lamenta che il casato del giovane Montecchi sia d'ostacolo al loro amore.

Atto II, scena II, il giardino del Capuleti, Giulietta, sola:

> Solo il tuo nome è mio nemico; ma tu sei tu, non un Montecchi. Che è un Montecchi? Non una mano, né un piede, né una faccia, né un braccio: nessuna parte di un uomo. O sii tu qualche altro nome! E che è un nome? Quella che noi chiamiamo "rosa" anche con un altro nome avrebbe il suo soave profumo. Così Romeo, se non si chiamasse Romeo, conserverebbe un fascino di perfezione che possiede anche senza quel nome. Romeo, poiché non è nulla il tuo nome, buttalo via e prenditi, in cambio, tutta me stessa.

Giulietta botanica ha ragione con la forza disarmante che hanno i fanciulli quando hanno ragione: una rosa, se non si chiamasse rosa, non perderebbe profumo. Allora, perché gli amanti veronesi dovrebbero fare del nominalismo un pretesto per odiarsi? Il nominalismo è il vizio di discutere del nome delle cose anziché delle cose, come fanno certi filosofi a corto di argomenti e certi fisici, ma non gli amorosi (siamo in teatro, no?) accesi dalla passione accanita degli adolescenti. Infatti, Romeo non dubita e, appalesandosi, risponde:

> Io ti prendo in parola. Chiamami soltanto "amore" e io non sarò più Romeo.

Quello che segue è noto: liti e risse continuano, Tibaldo ammazza Mercuzio, Romeo ammazza Tibaldo ed è costretto all'esilio. Il regista di *Gioventù bruciata*, un esperto della materia, sosteneva che *Romeo e Giulietta* fosse il più bel dramma sulla delinquenza giovanile mai scritto.

A Giulietta viene ingiunto di convolare a nozze con il cugino Paride, ma lei sposa di nascosto Romeo per mettere tutti davanti al fatto compiuto e, per compierlo fino in fondo, i due accettano i consigli dell'astuto frate Lorenzo. Per sfuggire alla minaccia di essere separati organizzano una "fuitina": il piano prevede di inscenare la finta morte della ragazza con un narcotico, e raccomanda, al risveglio, la fuga a Mantova dove Romeo l'aspetterà, avvertito per lettera dal frate.

Tutto fila liscio e Giulietta s'addormenta in catalessi. È creduta morta: compianto generale, alti lai, lutto stretto dei Capuleti, autocritica del babbo. Ma arriva il tragico finale: frate Lorenzo, che avrebbe dovuto recare a Romeo la missiva, è trattenuto dagli sbirri di Mantova, fattisi intransigenti con i forestieri per timore di una epidemia di peste, e non raggiunge in tempo il giovane per metterlo al corrente del sotterfugio. Romeo torna a Verona, crede morta l'amata e, crollando sul suo petto, si toglie la vita. Giulietta si sveglia dalla narcosi, inorridisce di quell'abbraccio fatale e segue l'amato. Si uccide. Sipario.

Alla base dell'equivoco c'è la circostanza che Giulietta credeva che Romeo sarebbe stato informato del messaggio. E frate Lorenzo sperava che Romeo fosse all'oscuro della morte di Giulietta. Meglio se tutti avessero dubitato. La tipicità dell'intrigo, che Shakespeare trae dalla letteratura classica e dalla novellistica precedente, si regge sulla carenza di informazioni di un personaggio. Il meccanismo drammaturgico è ricorrente sulle scene e dipende dalla distanza di spazio e di tempo, spesso complicata da altri ingredienti.

Shakespeare ha fondato l'intreccio su un problema di comunicazione: se Romeo fosse stato informato in tempo, non sarebbe caduto nell'inganno fatale. Il monaco messaggero, non riuscendo a giungere a Mantova per avvisare Romeo, scrive con la sua assenza l'amaro epilogo dell'amore dei due giovani. Sulla scena si agita il personaggio carente di informazione e il pubblico, che sa, ansima, palpita, piange e applaude. Sempre che gli attori siano bravi.

Oggi la bella Capuleti avrebbe un telefonino di ultima generazione e si narcotizzerebbe in tempo reale, mentre l'amato Montecchi le farebbe coraggio parlandole dall'altro capo della connessione. Se il Bardo avesse conosciuto il cellulare, Giulietta avrebbe potuto telefonare per accordarsi: "Senti, amo', facciamo una cosa, io fingo di uccidermi, quando tu vieni per i funerali, portami via con te e partiamo per Mantova. Assaggiamo la sbrisolona e poi si vede".

Fine della storia. Shakespeare non avrebbe potuto scrivere *Romeo e Giulietta* e noi non avremmo potuto applaudirlo.

La commedia o la tragedia degli equivoci non si possono più scrivere oggi, nell'età della comunicazione elettronica. Solo ieri da messaggeri tardivi e da missive mai recapitate si ricavavano spettacoli di successo, d'amore e di guerra. Già col telegrafo i drammaturghi e i poeti hanno dovuto fare i conti, perché i messaggi hanno preso a viaggiare più velocemente dei messaggeri, dei Paolo e dei frate Lorenzo. Tutto allarmato, il sociologo Postman ricorda ai sapienti riuniti a banchetto: il telegrafo ha inaugurato l'era dei media elettrici, seminando il germe della moderna intossicazione di informazioni, quell'indigestione di risposte a domande mai formulate. Altri tempi quelli del greco Fidippide, quando contava anche il tempo dell'annuncio.

A Maratona l'importante è vincere

Nell'agosto del 490 a.C. fu combattuta la battaglia di Maratona tra l'esiguo esercito ateniese e le possenti armate persiane, immensamente superiori per numero di soldati ed equipaggiamento. La sconfitta di Atene avrebbe concluso malamente la stagione dell'autonomia delle *póleis*: i cittadini greci sarebbero diventati sudditi di Dario I e la Storia avrebbe avuto un altro corso. Ma gli opliti di Milziade, contro ogni aspettativa, riuscirono a battere l'esercito persiano. Gli Ateniesi a casa, intanto, messe da parte le liti domestiche, palpitavano in attesa di notizie, scrutavano l'orizzonte e non avevano alternative: avrebbero visto spuntare o l'orda di Dario o un messo compatriota. Chissà in quanti sarebbero scappati solo all'ipotesi dell'avanzata dei pennacchi persiani. Invece arrivò in tempo da record Fidippide, campione olimpico ed emerodromo*, cioè messaggero allenato a camminare dall'alba al tramonto per portare notizie. Si dice che con il loro itinerario e con la loro fatica gli emerodromi disegnassero il perimetro ideale di una città degna di essere abitata. Come per dire: "Se non riusciamo a comunicare tra di noi entro una giornata, possiamo mai pretendere di sconfiggere i barbari invasori?".

Fidippide ebbe l'ordine di recare la notizia della vittoria da Maratona ad Atene. Sono quarantadue chilometri: non se la prese comoda e li corse tutti. Giunto a destinazione, col poco fiato rimasto, urlò: "Vittoria". Stremato dalla fatica, cadde morto, vittima del ritardo nell'invenzione del telegrafo. Fidippide portò due messaggi: il primo, la vittoria, e il secondo, se stesso. Ecco un altro messaggero che diventa messaggio e un messaggio che diventa un mito, indirizzato ai posteri attraverso i secoli. Il suo nome e il suo percorso diventano leggenda, anche nell'amichevole onore dello sport che annovera una specialità olimpica che prende il nome da una battaglia.

Forse tutta questa retorica a Fidippide non sarebbe interessata. Forse, da borghese, avrebbe voluto fare il postino, o, come dicevano all'epoca, l'*emerodrómos*, sposarsi e avere una nidiata di figli piè veloci, ma la gloria volle diversamente e lo arruolò per quel suo urlo strozzato di amore per la patria: "*Níke*".

Níke in greco vuol dire "vittoria", e la vittoria si proclama a cose fatte, a costo di rimetterci la pelle. Proclamarla prima di cominciare la guerra è presunzione. Certo, se uno la dichiara, la guerra, e poi non la fa convinto, è uno stupido, un delinquente, un autolesionista. Anche se, pur sapendo benissimo di non poterla vincere, ci prova lo stesso, bluffando, sperando che qualcun altro la vinca per conto suo evitando le brutte figure.

Ogni tanto si rivede in televisione Mussolini, nero come un corvo, che avverte gli italiani che "la dichiarazione di guerra è già stata consegnata agli ambasciatori di Gran Bretagna e di Francia". Segue un ordine di servizio: "La parola d'ordine è una sola, categorica e impegnativa per tutti. Essa già trasvola e accende i cuori dalle Alpi all'oceano Indiano. Vincere. E vinceremo". Applausi fragorosi e ovazioni. Un tizio tra la folla, dopo aver sentito dire che la parola d'ordine era una sola, indovinò e anticipò il condottiero urlando "vincere" dalla piazza. Il Duce tacitò lo screanzato dandogli sulla voce e ribadendo l'ambizioso programma. Brutto segno, l'effetto teatrale era rovinato: cominciava proprio male. Infatti andò, come tutti sanno, malissimo. Anche per le dichiarazioni di guerra i tempi sono importanti, quelli teatrali e non solo.

In realtà le guerre sono *happening*, per questo hanno successo. Cominciano generalmente con cerimonie ridicole: da sempre sono anticipate da formalismi rissosi e da risse formali e, quando le risse potrebbero degenerare in una liberatoria zuffa generale, si passa alla burocrazia e ci si atteggia goffamente in pose diplomatiche che recuperano un galateo di norme procedurali grottesche, date le contingenze caricate a pallettoni, e le armate sono già schierate e assetate di sangue.

Il cerimoniale che sopravvive fino alla Seconda guerra mondiale, con feluche, ceralacche e batter di tacchi, soccombe a Pearl Harbor sotto la sbrigativa gragnola di bombe e siluri dei giapponesi, i quali si sarebbero ben guardati dall'avvertire per infierire meglio con un colpo a tradimento. Circola, però, la voce insistente che loro, i figli del Sol Levante, avrebbero voluto produrre, pronunciare la dichiarazione di guerra, se solo il presidente Roosevelt avesse ricevuto i loro ambasciatori. I messaggeri furono lenti o, pare, rallentati, il messaggio non fu recapitato, ma la guerra scoppiò lo stesso.

Se il re di una città antica avesse voluto dichiarare guerra a un altro re, lo avrebbe dovuto fare inviando un messo a piedi o a cavallo. Se, nel lungo lasso di tempo necessario al messaggero per arrivare a destinazione, il reale e regale mittente fosse morto, la dichiarazione sarebbe rimasta valida? E se fosse morto l'altrettanto reale e regale destinatario? L'odio bellicoso riguardava solo i due re o coinvolgeva anche i loro rispettivi eredi e il loro popolo? Nel dubbio, ammesso che il sentore della notizia del decesso fosse arrivato al messaggero senza ulteriori istruzioni, il destinatario bene avrebbe fatto a rimandare a casa il messo e a controllare la buona salute del mittente per non affaticarsi in una guerra inutile. Oggi diremmo: un'ipotesi superata dagli eventi. Nel secondo caso e, cioè, in caso di dipartita del destinatario, la guerra non sarebbe stata per lo meno esagerata? Far la guerra a un morto? Superfluo e di pessimo gusto. Far la guerra ai suoi eredi sarebbe stata una decisione frettolosa e, forse, inutile, oltre che impopolare, con quello che costa.

Il mondo salvato da una telefonata

Tali interrogativi se li sarebbe posti il messo e se li porrebbe lo storico se, dopo secoli, si imbattesse nei suoi studi in una situazione del genere. L'invecchiamento del messaggio nell'epoca del tempo reale è inesistente, perché nel momento stesso in cui un'informazione viene concepita e inviata, la si riceve e la si interpreta. Ciò comporta, è vero, l'ineluttabilità di certe guerre, anche le più pazze, una volta dichiarate.

Riempite i calici, spegnete le luci e accendete il proiettore, sullo schermo i titoli di testa. Regia di Stanley Kubrick, *Il dottor Stranamore, ovvero: come imparai a non preoccuparmi e ad amare la bomba*. Con Peter Sellers.

Primi anni Sessanta, penultimi della Guerra Fredda tra USA e URSS, due acronimi che indicano il mondo capitalista e il mondo comunista e generano, nel loro conflitto, l'altro acronimo MAD che dovrebbe mantenere la pace grazie all'equilibrio del terrore. Il ferreo meccanismo di sicurezza consiste nell'agitare come deterrente alla guerra mondiale la capacità immediata e, praticamente, automatica di reazione bellica devastante tra le due potenze. MAD sta per *Mutually Assured Destruction*, in italiano "Distruzione reciproca assicurata". Cose da pazzi, appunto.

Per la folle iniziativa di un generale americano che inventa un attacco russo, un aereo bombardiere armato di un ordigno nucleare si avventa sul territorio dell'Unione Sovietica. Nessuno può fermarlo perché il programma non prevede messaggi di richiamo che non siano preceduti da un codice conosciuto solo dal generale svitato. I piloti sono addestrati a ignorare qualsiasi altra smentita, trasformati in automi, in macchine da guerra. "Nessun messaggio" è il più cupo dei messaggi.

È la vigilia di una fine del mondo che non è voluta dalla furia degli dèi o scritta nell'imperscrutabile nostro destino escatologico, ma scatenata dal cortocircuito di un sistema di comunicazione dispotico nella prepotenza del suo automatismo. Il grottesco di questa *black comedy* è sorretto dall'eloquenza di esilaranti paradossi: un colonnello inglese scopre la falsità dello stato d'emergenza ascoltando la radio che pacificamente trasmette canzonette e, nel tentativo di bloccare il diabolico meccanismo, è costretto a scassinare un distributore di bibite così da rimediare qualche nichelino per chiamare da un telefono pubblico il SAC, il comando aereo strategico.

Un'umile radio da tinello e un telefono a gettone provano a fermare l'ingranaggio mostruoso di una comunicazione autoreferenziale che vola al laccio della follia umana. Ma nel *wargame* globale non basta inserire una monetina per lo *start* di una nuova partita: il *game over* si avvicina fatalmente. Le esplosioni illuminano il cielo e Marte rotea la sua clava in versione western cavalcando una bomba atomica, mentre Vera Lynn, fuoricampo, canta *We'll Meet Again*, una canzone della Seconda guerra mondiale, speranzosa e sentimentale. Il dottor Stranamore, il direttore per lo sviluppo delle armi nucleari, un inquietante scienziato tedesco affetto da una rara sindrome che lo costringe a inconsulti, e rivelatori, saluti nazisti, suggerisce al presidente americano di "riavviare" l'umanità a partire dal "livello" più cupo: la proposta è di "programmare" la riproduzione degli Stati Uniti nelle miniere più profonde della Terra. L'ambasciatore sovietico lascia la *war room* dopo averla fotografata di nascosto: non si sa mai, potrebbe esserci anche una prossima guerra, sempre PvP, *Player versus Player*, e sempre con gli stessi giocatori. Ma, fuori dal cinema, le cose non sono andate così.

Riaccendete le luci. Era solo un film.

5
I reportage di Omero

Posti in piedi. Zeus ha riunito a parlamento i vertici della sicurezza dell'Olimpo.

Lo spettacolo si preannuncia eccezionale: una coorte* di guerrieri decisi e spietati sta per irrompere al di là delle mura del nemico. Al sicuro nella stanza blindata dell'ala ovest è possibile seguire con comodo la battaglia. Ancora una volta le splendide armi di Achille faranno prodigi. *It's a go*, "si va".

Sulla Terra è notte. Gli dèi in cielo sono a convito, ma non è il momento di libagioni e ambrosie: i computer squadernano in *real time* l'agguato e la pugna* che ne seguirà. Uniti, fronteggiano un nemico mortale che, ostile ad Apollo e Dioniso, ad Afrodite e Atena, ma anche a moschee e pagode, a chiese e sinagoghe, alla pace, all'arte, alla musica, al lavoro e all'opera dell'uomo, ha scatenato un terrore livido e assassino che non ha risparmiato i Buddha di Bamiyan nella sua furia iconoclasta. Si parla di stato di eccezione permanente, un'urgenza normalizzata che allestisce i nuovi scenari della moderna drammaturgia della guerra.

Zeus questa volta non vuole star fuori dalla guerra come fece nel XX libro dell'*Iliade*, quando annunciò quel "liberi tutti" che diede il via agli dèi per fare la conta, dividersi in due squadre e precipitarsi sul campo di battaglia a sostenere i loro protetti. Non si fecero mancare niente, dai nebbiogeni ai trucchi da baraccone, dagli sgambetti alle bombolette puzzolenti. Altri tempi, altri presidenti dell'Olimpo e, soprattutto, altri i nemici.

> Udito quel parlar, corse per mezzo
> alla mischia e al fragor delle volanti
> aste Nettunno, e giunto ove d'Enea
> e dell'inclito Achille era la pugna,
> una sùbita nube intorno agli occhi
> del Pelìde diffuse
> [...]
> Indi spinse di forza, e dalla terra
> levò sublime Enea, che preso il volo
> dalla mano del dio, varcò d'un salto
> molte file d'eroi, molte di cocchi,
> [...]

Si arrivò al colmo che Nettuno salvò la pelle a Enea pensando che potesse venir buono per un'altra guerra e per un altro poema, con buona pace di Omero, quell'*Eneide* che tanto inorgoglirà i Romani. Achille la prese malissimo, fece il pazzo e, per rifarsi, uccise, nell'ordine, Ifizione, Demoleonte, Ippodamante e Polidoro, il più giovane tra i figli di Priamo. Non avevano santi in paradiso o, meglio, non avevano dèi sull'Olimpo, e nell'*Iliade* combatteranno e cadranno in eterno o, almeno, finché qualcuno ne leggerà i versi. A tifare per loro, da sempre, sono solo gli studenti a cui Achille, con tutti i suoi Mirmidoni, sta veramente antipatico per quell'aria da bullo ciuccio e raccomandato.

Zeus questa volta nella guerra interviene, alla faccia se interviene. Nella *situation room* il padre degli dèi veste casual e indossa una comoda maglietta decorata con lo *Swoosh*, l'arme* di un antico casato che tesse *sportswear*: Nike. Quando si dice la scaramanzia.

Il capo ha rinunciato alla poltrona regale e agilmente si protende verso le immagini *live* dal campo di battaglia. Bei tempi quando, per la diretta, Ermes si metteva le ali ai piedi; oggi lo scaltro messaggero olimpicolo imbastisce armamentari di marchingegni installati direttamente sulle armature e sugli elmi dei soldati. Telecamere, sensori, sistemi GPS e aggeggi per trasmettere dati e percezioni sensoriali, panorami e punti di vista dei guerrieri che possono parlare in diretta tra loro e con i colonnelli, i generali e gli dèi. A lasciarli fare, potrebbero chiacchierare anche con la morosa.

Altro che calzari alati: è la guerra moderna, ragazzi. Marte l'ha chiamata "*Fusion*" e, per combatterla, ha commissionato alle fucine di Lemnos joystick, videogame di addestramento, ingannatori radar e droni. Pure a bottega di Efesto i maschi battiti sull'incudine sono stati sostituiti dalle battute sulle tastiere, le impiegatizie QWERTY. Il buon caporeparto delle officine olimpiche si rassegni: per mantenere la loro quota di mercato anche gli dèi devono aggiornarsi. E, sempre più spesso, avvalersi dell'*expertise* di product manager, pubblicitari e specialisti della comunicazione. Dal Parnaso al grande magazzino, dagli oracoli agli studi di consulenza.

Lo stesso dio del cielo e del tuono, ossessionato dal marketing, ormai si occupa quasi esclusivamente di sondare, monitorare e analizzare la *customer satisfaction* dei mortali. Stando a certe indiscrezioni epiche, avrebbe addirittura partorito dalla sua testa un *brain trust* di consulenti della Dioniso & Dioniso solo per gestire la *brand image* dell'Olimpo. Si narra che la storia di farsi partorire dal cervello sia cominciata da un pezzo con Atena che, germinata nel cranio di Zeus, fu causa di una regale e irriducibile emicrania a cui fu posto rimedio con un analgesico colpo chirurgico d'ascia risolutivo. Aperto a metà come un'anguria il divino testone, Atena balzò fuori con vesti, armi e accessori squassando la sua lancia e, visto che dal cervello era nata, da allora pretende di far ragionare i mortali. E anche gli dèi.

Negli ultimi sondaggi, i pubblicitari della Dioniso & Dioniso hanno valutato che conviene puntare tutto sul *concept* del cambiamento e pare che tutti gli dèi debbano sottostare alle insindacabili conclusioni delle loro ricerche di mercato. Persino Zeus, in un recente *restyling*, ha dovuto abbandonare la classica saetta furoreggiante impugnata a mo' di scettro. Troppo rétro, meglio sostituirla con uno smartphone, l'aggeggio capace di far comparire in un baleno quella rete così fitta di nodi che neppure le cento mani del gigante multinazionale Briareo riuscirebbero mai a districare. C'è sotto lo zampino alato di Ermes che, oggi, fa il ricercatore al MIT di Boston.

Obama riunisce dèi e semidei nella *situation room*. Una foto, e i giornali di tutto il mondo la pubblicano, li ritrae e racconta una tensione umanissima: la paura dei mortali è il senso che questi dèi provvisori avvertono del dramma che stanno vivendo e facendo vivere. Dall'alto dei sotterranei della White House, i moderni olimpicoli azionano a distanza fulmini, saette, nebbie e giavellotti *full metal jacket*. A distanza sentono tuoni e rimbombi, ordini, grida e lamenti. "*We got him*": a distanza, a grande e rassicurante distanza, vedono lampi, esplosioni e facce che scoppiano.

Nei sotterranei della West Wing scorgiamo lo sguardo inquieto di Giunone, unica presenza femminile in primo piano tra i volti tesi dei convocati. Sta vivendo i "38 minuti più intensi" della sua esistenza, compresi i battaglieri giorni della campagna elettorale di suo marito che fu Zeus prima di Obama. La dea segretaria di Stato si copre istintivamente la bocca con la mano destra, come una semplice mortale in preda all'angoscia, ma, spiegheranno più tardi, è solo un divino colpo di tosse da allergia primaverile. Molto diplomatico da parte di Mrs Clinton.

Omero aveva vaticinato:

> Giorno verrà, presago il cor me'l dice,
> verrà giorno che il sacro iliaco muro
> e Priamo e tutta la sua gente cada.

Ettore piange tra le braccia di Andromaca tradotto da Vincenzo Monti, ma i versi transumano nella parlata popolare e nel costume che, così, interpreta il fatalismo consapevole dell'ineluttabilità di certi eventi. Dal Fra Cristoforo del "verrà un giorno" lampeggiato a Don Rodrigo arrancando sino a quel "addà venì baffone" che sintetizzò l'utopia comunista discussa al bar dello sport, non prima, però, di esserci illusi sospirando con Butterfly "un bel dì vedremo". Ah, il destino delle parole che ci porta da Ettore a Pinkerton sfiorando Lucia Mondella! Solo con uno sguardo pudico, va da sé.

La seconda parte del distico* di Omero annuncia la sconfitta fatale di Troia, prima o poi. Il tempo che è giusto per l'uomo e per gli dèi, il tempo della Storia, raduna il nuovo Olimpo nella sobria fotografia della *situation room*. Anche qui si vede il potere, un potere immane che contempla, come da un palco all'opera, la scena in cui si agitano i personaggi che sono gli uomini.

Nella foto questi dèi sono tutt'uno con gli "eroi". Non fanno il tifo, non danno un'ondivaga mano, ma combattono e finanziano. Finanziano, spiano e combattono. A distanza, ma combattono e, ovviamente, poi passano alla cassa. A conclusione dell'azione di guerra, saranno solo loro a determinare che cosa, quando e quanto dovrà essere riferito agli umani e decideranno di lasciar aleggiare parecchi misteri: l'unico messaggio inequivocabile sarà "bersaglio annientato".

Il governo USA non renderà pubbliche né le immagini della cattura di Bin Laden (è su questo che stiamo allegorizzando, no?) né, tantomeno, le foto scattate all'interno della sua villa in Pakistan. Si teme la mitizzazione del nemico, il martirologio mediatico, il germogliare della letteratura popolare che fa presto a trasformare in eroe una canaglia. Ci dovremo accontentare degli stringati resoconti ufficiali, aedi e telegiornali è meglio che sonnecchino, parafrasando il vecchio Orazio: "*quandoque bonus dormitat Homerus*", questa volta è meglio che Omero dorma della grossa.

Quasi a compensazione, pochi giorni dopo la missione dei Navy SEAL sarà disponibile in Rete uno "sparatutto", un videogioco che ricostruirà fedelmente, o almeno così sarà chiesto di credere, le gesta dei soldati. E chiunque potrà condurre la sua personale guerra al terrorismo, quella finta. Quella vera sarà sempre più combattuta da lontano, perché è un lavoro come un altro: solo alcuni professionisti scendono fisicamente in campo a sporcarsi di fango e di sangue, di vergogna e di gloria. La gloria e la vergogna militari, naturalmente, ma il set di guerra è sempre più lontano dalla regia.

Le guerre viste da lontano

Certo, neppure Napoleone faceva personalmente a cazzotti con Wellington quando pianificava strategie e tattiche al riparo di un padiglione o sul cucuzzolo di una collinetta. La sua era una postazione regia e non di regia. La diversa pronuncia scongiura l'ambiguità dell'omografia* lessicale, ma l'equivoco è significativo.

L'*empereur* consegnava gli ordini scritti a matita agli aiutanti di campo che li nascondevano nelle pieghe della giubba e raggiungevano i destinatari impegnati nello scontro. Protagonista equestre, si stagliava come una statua contro il cielo, guardando l'immenso monitor dell'orizzonte brulicante di uniformi, cannoni, cavalli e bandiere:

> E ripensò le mobili
> tende, e i percossi valli,
> e il lampo de' manipoli,
> e l'onda dei cavalli,
> e il concitato imperio
> e il celere ubbidir.

Così Manzoni tambureggia in *Il Cinque Maggio*. Napoleone non aveva che un cannocchiale e una cartografia ad acquerello per orientarsi e capire, ma di rado sbagliava gli ordini, anche se, quando successe, fu la catastrofe di Waterloo. Se avesse avuto la radio da campo, probabilmente le cose sarebbero andate in modo diverso, ma l'avrebbe avuta anche Wellington e, perciò, *pas regretter**.

Al pari degli dèi dell'*Iliade*, invece, i capi moderni hanno la radio. Quella del vecchio Olimpo non è la radio di Marconi, ma quella di Mercurio, che è assai più potente: messaggi volanti in tempo reale trasmessi da piedi alati. Anche la "radio" dei contemporanei è infinitamente più evoluta del prototipo di Marconi: trasmette, riceve, simula, immagina, progetta, risponde e virtualizza. In forza di questa, i nuovi dèi padroneggiano strumenti del comunicare sconosciuti alla *grandeur* di Napoleone e tifano, programmano, appoggiano e dicono "fuoco". O, meglio, *"it's a go"*. Tutti insieme? Amici e nemici? Quasi mai. Quasi.

Ci sono guerre che si fanno anche tra chi va d'accordo: mentre sotto le porte Scee i soldati si scannano diligentemente, i nemici che comandano intrattengono inappuntabili rapporti diplomatici in alto loco, intavolano trattative e trattano a tavola.

Come è noto, *c'est l'argent qui fait la guerre* e, quindi, sempre affari sono.

Nel bloc-notes di un guru della comunicazione leggiamo che la guerra è sempre un mutamento tecnologico accelerato. Il guru è il nostro compagno di banchetto McLuhan che aggiunge pure che la guerra ha fatto sfigurare la pace come creatrice di ricchezze e opportunità per tutti. A questo tipo di progresso dovremmo trovare l'intelligenza e il coraggio di rinunciare: troppo comodo constatare che certe guerre non ci riguardano perché lontane, perché strane, perché fuori dal nostro orto. Se una guerra scoppia o si trascina in qualsiasi parte del mondo, questo non è il migliore dei mondi possibili. Lucrezio, amaramente, osserva:

Suave, mari magno turbantibus aequora ventis
e terra magnum alterius spectare laborem;
non quia vexari quemquamst iucunda voluptas,
sed quibus ipse malis careas quia cernere suave est.

Sono versi dell'incipit del libro II del *De rerum natura* e saranno indulgenti i convitati per questa traduzione ginnasiale:

È dolce, quando i venti sconvolgono le distese del vasto mare
guardare da terra la grande fatica di altri;
non perché il tormento altrui procuri un gongolante piacere,
ma perché ti rallegra vedere quali disgrazie ti siano
[risparmiate.

È vero, passeggiare sul lungomare e scorgere al largo una barca in difficoltà sollecita ansia e patema e, al tempo stesso, quel senso di consolazione struggente che si prova quando si è al sicuro, in casa, mentre fuori diluvia e i tuoni squassano il cielo. Questa curiosità morbosa spiega i rallentamenti degli automobilisti, spettatori curiosi degli incidenti stradali, tanto biasimati dai bollettini sul traffico della radio e della televisione: i deliberati indugi sono causati, appunto, dall'irresistibile attrazione dei tamponamenti altrui che, proprio perché altrui, sembra che a noi siano stati risparmiati.

Ecco che seguire le guerre nei racconti della televisione, così spietatamente perentori e realistici, finisce per appagare sia la doverosa fame di notizie sia una morbosità che non si alimenta di sadismo, ma di pavido e consolatorio sollievo per averla scampata bella. Poco importa se il rumore di fondo del telegiornale copre la sirena d'allarme che, vicinissima, suona sotto la nostra casa. Anche se mi stringono d'assedio, mi minacciano, mi riempiono di botte, non possono avercela con me. E come obietta il sublime Totò: *"E che so' Pasquale io?"*.

La guerra di Pasquale

Pasquale non va in piazza a prendere i ceffoni da uno sconosciuto. Pasquale si alza la mattina, dopo la doccia fa colazione, dà un'occhiata al giornale che parla di guerre e di paci, di città e di paesi, di cronache e di società, saluta i pupi e va al lavoro per le sue otto ore sindacali. E per otto ore si applica coscienziosamente a sterminare quanti più nemici dalla sua postazione in città: è il suo lavoro, e il suo lavoro è fare la guerra a distanza. Poi timbra il cartellino di una *war room*, torna a casa, controlla i compiti del più grande dei figli, un tema sulla fame nel mondo, cena con spaghetti al sugo e polpette, si accomoda sul divano con la moglie e guarda la televisione. Il telegiornale gli restituisce il resoconto delle sue missioni compiute prima della pausa pranzo. Pubblicità. Telefilm.

Scena prima. Sobborgo di Washington, esterno giorno. Splende il sole. Dalla porta di una villetta a schiera esce un uomo giovanile in giacca e cravatta. Reca una borsa da lavoro che si presume debba contenere un computer. Gli si fa incontro festosamente un cane di razza labrador. L'uomo lo accarezza e si china a sgombrare il viale dal tagliaerba. Si capisce che qualcuno lo ha ancora una volta dimenticato fuori posto.

L'UOMO Tommy... Tommy...

Dall'uscio sopravviene Tommy, un bambino di 8-9 anni biondo con dentatura in progress *come si vede dal primo piano. Ha sotto un braccio un tablet acceso.*

L'UOMO (*fuori campo*) Quante volte devo dirti di non giocare col tagliaerba? È pericoloso! Puoi farti male!

TOMMY Sì, papà, ma è stata la mamma che mi ha chiesto di tosare il prato in cambio delle frittelle di mela...

L'UOMO (*tagliando corto*) D'accordo, d'accordo, vorrà dire che il tosaerba lo sposta papà! Devo andare, ci vediamo stasera. Claire, mi raccomando, spaghetti al sugo e polpette: ho invitato il generale Parker a cena e va matto per la cucina italiana.

CLAIRE (*comparendo sulla veranda*) Sam, potevi avvertirmi... quel generale Parker io proprio non lo sopporto! Con quella sua linguaccia non fa altro che parlare di joystick, videogame di addestramento, ingannatori radar e droni... senza neanche farmi un complimento per gli spaghetti... ma perché non si trova una moglie? Magari uno dei suoi robot! Parker, pfui!

SAM Tesoro, devi avere pazienza: siamo in guerra! Parker è il più adatto per la battaglia di stamattina. Anzi, sto facendo tardi e non ho tempo per combattere con te: entro le nove devo lanciare otto missili. E non mi parlare dei droni! Ieri ne sono tornati indietro due senza aver neanche sfiorato una trincea: missione incompiuta! Mi ero appena alzato per prendere un caffè, tu guarda la sfortuna...

CLAIRE Non prendertela, Sam... d'accordo per la cena, gli spaghetti e Parker... riguardati... (*bacio*) Tommy, saluta papà che va a fare la guerra!

TOMMY Ciao, papà! Posso guardare la televisione? C'è una fiction sugli antichi Grèci e gli antichi Troiani!

SAM Tommy, sai che non mi piacciono gli spettacoli violenti. Ma chi te le insegna queste cose?

Scena seconda. Pentagono, interno giorno. Una grande sala arredata con marchingegni elettronici, monitor, computer, segnalatori acustici e terminali radar.

SAM (*entrando*) Salve a tutti, ragazzi.

TUTTI (*quasi in coro*) Buongiorno, colonnello!

BILL (*giovane paffuto con i gradi di capitano dei marines*) Colonnello, ha fatto bene a scommettere sui Chicago Bulls. Ha visto come gliele hanno suonate?

SAM Lascia perdere, Bill. Parliamo di come le abbiamo suonate a quei *bip* musi di *bip*. Quei *bip* di missili li voglio pronti alle undici. (*Guarda un monitor e fa una smorfia.*) Secondo il fuso orario gli rompiamo il *bip* mentre stanno andando a nanna.

BILL Sonno eterno, eh, colonnello? Ma non sarebbe meglio rompergli il *bip* per tutta la giornata?

SAM No, sbrighiamoci, ragazzi. Voglio portare il capo a cena a casa mia dopo la battaglia e mia moglie rompe i *bip* se faccio tardi. Già Parker non lo sopporta...

Entra il generale Parker, un uomo sui sessant'anni color ramarro, segaligno. È in tuta mimetica.

PARKER (*seguito da un codazzo di aiutanti*) Chi è che non mi sopporta?

Risata generale.

SAM (*imbarazzato*) Ehm... no... sì, insomma... dicevo che mia moglie non sopporta che io faccia tardi...

PARKER Diamoci da fare, mettete a fuoco questi *bip* monitor. Portate del caffè e fatemi vedere i nostri ragazzi. E soprattutto fatemeli sentire. Vediamo di chiudere la partita prima del telegiornale, voglio la notizia in prima serata. Quegli *bip* dei giornalisti impareranno: (*ghigna acido e ammicca in primo piano*) non faremo lo stesso errore del Vietnam, quella *bip* di guerra l'abbiamo persa nei salotti televisivi d'America.

Dai monitor arrivano immagini e suoni di una furente battaglia in un deserto. Nubi di fumo, sibili di proiettili, rombi di artiglieria e polvere, polvere dappertutto.

Appuntamento alla prossima puntata. Sigla. Pubblicità.

Pasquale è proprio Pasquale. Pasquale guarda se stesso nel telefilm e, con tutta la famiglia e il cane, si specchia nello schermo da quaranta pollici. La televisione è la vita che continua con altri mezzi: riferisce, implacabile, le storie nel tempo della diretta. Le storie si confondono, sembrano diverse puntate della stessa fiction, ma la società dello spettacolo non riesce a decifrare il canto delle Sirene: c'è ancora troppo rumore di fondo.

Una "television" *di* "merde"

Nota a margine del critico televisivo. "La sceneggiatura originale non prevedeva codesti *bip*: una censura bacchettona ha purgato i dialoghi per camuffare le parolacce, privandoci della spontaneità gergale che così bene avrebbe reso la rude verità marziale del guerrafondaio. Quel suono insopportabile è solo un'ipocrisia tecnica, un abusato artificio oggi di moda in una televisione convenzionale e piena di foglie di fico". Pare di sentirlo il critico televisivo orbato*, come direbbe lui, del piccante piacere della coprolalia*.

Una parolaccia, una volta tanto, nel registro linguistico popolaresco, spunta da sola, non si lascia scrivere. Una sequela di schifezze, invece, è falsa e artificiosa e richiede l'uso di censure patetiche tanto abusate che, in certi programmi, il *bip* è ossessivo come un *rap*. C'è da domandarsi se, davvero, sia così preziosa quella roba e se sia così indispensabile mandarla in onda, pur costretti a riempirla di ridicole toppe sonore.

Chi si accontenta può diventare famoso praticando il linguaggio osceno in televisione, meglio se comprensivo di parole scurrili di pertinenza genitale, per così dire, che sono largamente usate nella battaglia per "fare ascolto", come, con turpe solecismo*, si dice nell'ambiente. In televisione la parolaccia è ormai diventata concetto, ha assunto in se stessa la forza di un argomento fino a ottenere di sostituire la logica della pienezza con un'esplosione. E che *bip*!

Nella storia moderna cominciò Cambronne, un prode che affiancò Napoleone sia nel tripudio facile degli altari che nella tristezza faticosa della polvere. A Waterloo, quando tutto precipitava per l'esercito napoleonico, gli inglesi, ammirati dal valore degli avversari, gridarono: "Bravi francesi, arrendetevi!". Raccontano che Cambronne abbia risposto urlando: *"Merde!"*, un prodigio di sintesi che fondò il suo mito, ma un mito un po' ingiusto per il suo medagliere, povero generale, perché nessuno conosce le sue gesta, anche se tutti commemorano la prodezza conclusiva di quella battaglia. Ma il motto finale fu un altro, a quanto scrivono gli storici bene informati a parer dei quali la triviale espressione non sarebbe stata pronunciata. Cambronne in realtà a Waterloo avrebbe urlato: *"La garde meurt, mais ne se rend pas!"*. Quel soldato non aveva bisogno di "fare ascolto".

"La guardia muore, ma non si arrende" è un ultimo grido di oratoria militare coraggioso e solenne, ma si confonde con la miriade di altri simili slanci. Cambronne diventa un mito per una scurrilità gridata in un momento altamente drammatico e cruciale: in qualsiasi altro luogo l'avesse detta, sarebbe stata rubricata come linguaggio da caserma, invece, a Waterloo quel *"merde"* passa alla Storia.

Cambronne, come ha scritto un *immortel*, perde il campo per conquistare il mito: annega in due sillabe la coalizione europea, mescola Waterloo col Martedì Grasso e completa Leonida con Rabelais, riassumendo quella che diventa la sua vittoria in una parola impossibile da ripetere.

C'è chi pensa che basti una parolaccia o un cachinno* perché Victor Hugo si interessi di certi miserabili che fanno guerra alla sintassi e alla buona creanza in una televisione che pratica spesso le vie di un'affabulazione volgare e invadente, salvo ricorrere a quel trucco sonoro talmente grottesco che si ha l'impressione che la speranza di venire doppiati da un *bip* istighi al turpiloquio.

L'archivista che nel 2100 dovrà sobbarcarsi il compito di catalogare l'immane repertorio di notizie del secolo, probabilmente, riversando nella memoria del cervellone l'ennesimo alterco televisivo dei giorni nostri, si domanderà chi siano stati quei cretini e dove volessero arrivare con i mass media. Davvero quel frastuono di insulti e grida era ciò che l'Italia di più di un secolo prima voleva sentire come alcuni editori e qualche mestierante dicevano? Era davvero a quelle immagini e a quei rumori che ci si riferiva quando si parlava di "finestra sul mondo" o di "specchio della società"? O, piuttosto, fu il pubblico che, gradualmente, prese ad assomigliare sempre di più alla televisione, adeguandosi ai contenuti che gli venivano proposti? Non è che gli italiani finirono per "specchiare lo specchio"?

Forse il sociologo del 2100 deciderà su qualcosa che oggi qualcuno si chiede e, cioè, se sia stata la televisione a involgarire il pubblico o se, viceversa, sia stato il pubblico, dagli e dagli, a guastare la televisione puntando l'indice d'ascolto su programmi che avrebbero meritato il pollice verso, se non altro per rispondere al dito medio di certi opinionisti e politici ai raduni. Forse lo storico del 2100 sentenzierà un concorso di colpa, ma a noi, con molto anticipo, viene il dubbio che la televisione sia la vita che continua con altri mezzi. Con gli stessi personaggi, gli attori si avvicendano nelle trasmissioni. Rigorosamente *live*: trasmissioni dal vivo, appunto.

Omero e i reportage

Chissà se anche aedi e poeti, da principio, raccontavano gli eventi mentre accadevano. A leggere l'*Iliade* e l'*Odissea* sembra quasi che il cieco Omero fosse lì, presente, a raccogliere cronache in diretta girovagando sulle rive dello Scamandro o a godersi lo spettacolo sguazzando nella scia della nave di Ulisse per non perdere neanche un gesto, una parola. Gli strumenti del comunicare moderno non c'erano ancora e Omero, senza giornali, né televisione, né Internet, non poteva che cantare di guerre e battaglie, gli ascoltatori si accingevano a raccontare a loro volta e, di generazione in generazione, si perpetuava la trasmissione del mito, della favola bella incessantemente arricchita, adattata, sovrapposta, integrata e tradotta.

Se Omero avesse conosciuto anche solo la tipografia, la premiata casa editrice avrebbe stampato l'*Iliade* e l'*Odissea*: quei poemi, in quella lingua, una volta per tutte. La tradizione orale era scomoda, ma aveva i suoi pregi e, per esempio, ha reso così avvincenti le gesta di Achille che, se fossero state inserite in un moderno reportage di guerra, avrebbero occupato non oltre venti pagine, un racconto di una mezz'oretta. E, invece, gli aedi cantavano, recitavano, declamavano per ore il bassorilievo dell'*Iliade* e l'altorilievo dell'*Odissea*.

Spiegazione del professore di liceo. Il rilievo marmoreo è distinto dal fatto che l'*Iliade* ha la coralità mormorante delle genti sullo sfondo del fragore della guerra, mentre l'*Odissea* scolpisce, sbalzato nell'evidenza del chiaroscuro, il primo intellettuale moderno nel ruolo di protagonista assoluto, felicemente disperso alla ricerca della canora verità delle Sirene.

La narrazione di queste storie era molto simile alle nostre fiction televisive e la messa in onda delle opere era affidata a professionisti specializzati nel racconto, veri e propri tecnici con tanto di esperienza e trucchi del mestiere. Ecco che dalla condivisione dei racconti si delinea il mito che, poi, veleggia verso il futuro per arrivare a noi, alle nostre tipografie, dove non cambia più. L'aedo e il rapsodo lasciano il posto al filologo, all'esegeta, al critico e al lettore. E alla televisione.

Con gli strumenti moderni non si è mancato di fantasticare o di creare Arte e Letteratura, ma, dalla scrittura in avanti, le opere sono diventate immutabili, anche se non inerti, perché ai lettori riservano un diritto che a Omero sarebbe piaciuto moltissimo: il diritto di immaginarle a piacer loro e di tradurle in altre lingue e altri linguaggi. Ma non di farne plagio.

Chiosa del filologo. Omero e i suoi stagisti disciplinavano il racconto nella metrica e nella prosodia*, si vincolavano a quelle regole sonore che rendevano tutto lo spartito più facile da ricordare. Gli unici strumenti a loro disposizione erano memoria, voce e orecchie, ma, comunque, riuscivano a colmare la trasmissione lacunosa e sfocata con stratagemmi musicali e accorgimenti ritmici, perché quando si canta e si balla le parole si rammentano meglio e, forse, sono anche più convincenti. La poesia era servita. A capotavola c'è un convitato che vuole intervenire, anzi, vuole cantare. Ne ha facoltà.

6
Menelao le mani

Via, via, vieni via di qui
niente più ti lega a questi luoghi
neanche questi fiori azzurri
via, via, neanche questo tempo grigio
pieno di musiche e di uomini che ti son piaciuti,
It's wonderful
[...]
Via, via, vieni via con me
entra in questo amore buio, non perderti per niente al mondo
lo spettacolo d'arte varia di uno innamorato di te.

La serenata di Paride per convincere Elena a piantare Menelao e l'esosa famigliona degli Atridi suonava più o meno così, cari convitati musicofili. L'uomo innamorato di lei, naturalmente, era il figlio di Priamo, non proprio restio alle corvée del talamo, soprattutto quando il talamo non era suo.

Paride era arrivato a Sparta con pieni poteri diplomatici capitanando un'ambasceria di Troiani e non si era presentato mica a mani vuote, anzi a navi vuote, perché queste erano cariche di ogni ben di dio, anzi, di ogni ben di dea: monili, balsami, lussuosi tessuti, fruscianti veli d'Oriente. Tutta mercanzia consigliata da Afrodite Colpode, sinuosa mannequin esperta di moda come segnala l'ennesimo epiteto che indicava il suo modo tutto speciale per fare il fiocco al *kólpos*, la fascia che cingeva il seno delle donne greche.

Quando Paride arrivò alla reggia di Sparta, Menelao non c'era, era andato a un funerale, e sull'uscio comparve Elena coperta di sete e di broccati, profumata come una serra e ingioiellata dalla testa ai piedi. Insomma, così come si trovava in casa.

Elena la perfetta, Elena la sublime, Elena la figlia Zeus e Nemesi, nata da un uovo covato da Leda che aveva adottato la pulcina. Elena la bellissima che era andata in moglie al rozzo e marziale Menelao, re di una città, Sparta, che non era proprio la Costa Azzurra del tempo. Elena la sprecata che in un lampo diventa l'innamorata, l'adultera, la fuggitiva. Scoppia la guerra tra Achei e Troiani a causa sua e diventerà Elena la traditrice. Da allora, Elena di Troia.

"*Cherchez la femme!*" raccomanda Dumas quando si cerca la causa di un intrigo, di una vicenda complicata, di una storia. Anche gli antichi fondatori dell'Urbe, andarono a lamentarsi da Romolo della penuria di *femmes* già indispensabili a metter su casa, figuriamoci per allestire un impero che vada adeguatamente popolato. Il vecchio divertente sistema di organizzare una festa per farsi presentare dagli amici sorelle e cugine funziona sempre. E funzionò anche nella seconda metà dell'VIII secolo a.C. con i Sabini, invitati di pregio a una grande festa con la scusa di fare la processione a Nettuno.

La festa fu un successo. Tutti si divertirono moltissimo, i Sabini poterono congratularsi per il fervore dei cantieri di quella che sarebbe diventata l'Urbe, si rise, si cantò, si ballò e si brindò. Si brindò anche troppo e, per giunta, i Sabini non erano di modi eleganti, non che i Quiriti fossero dei damerini, ma gli ospiti erano un po' cafoni.

Secondo quanto previsto dalla buona creanza, al momento del congedo, a musica finita, gli amici se ne vanno. Il rischio è di rimanere soli in casa a rigovernare, sciacquare i bicchieri e raccogliere i cotillon, sempre che l'implorazione "lascia l'ultimo ballo per me" non sia stata accolta. Le Sabine già altre volte avevano ricusato le *avances* dei Romani che rischiavano, come ancora dicono a Roma, di andare in bianco, ma il flop fu scongiurato.

> *Ubi spectaculi tempus venit deditaeque eo mentes cum oculis erant, tum ex composito orta vis signoque dato iuventus Romana ad rapiendas virgines discurrit. Magna pars forte in quem quaeque inciderat raptae: quasdam forma excellentes, primoribus patrum destinatas, ex plebe homines quibus datum negotium erat domos deferebant.*

Tito Livio ci racconta che, quando cominciò lo spettacolo e tutti erano concentratissimi sui giochi, i padroni di casa fecero scoppiare ad arte un tumulto: la "meglio gioventù", a un preciso segnale, si diede a rapire le ragazze correndo all'impazzata. Molte finivano nelle mani del primo che capitava, mentre quelle già segnalate sulle altre per la bellezza, destinate ai senatori più insigni, venivano trascinate nelle loro case da plebei cui era stato affidato quel compito. Un compito abbastanza schifoso. I senatori avevano dato un ordine preciso: "*cherchez la femme*", la donna per loro che comandavano e, quindi, dovevano essere soddisfatti fior da fiore, mentre gli altri si dovevano accontentare di sposarsi a casaccio. Quando si dice i costi della casta.

Comunque, il lieto fine non mancò, perché le Sabine si trovarono bene con i Romani, i quali, a parte i senatori, furono mariti premurosi e affettuosi, gran lavoratori e amanti passionali. Invece di fare la guerra, si optò per fare l'amore.

Nessuno si azzardò a dire che "tuttosommato... sottosotto... allafinedeiconti... signori della corte, *vis grata puellae*". Questa frase con verbo sottinteso è un orribile sottinteso e dice in sostanza che la violenza, si badi non la forza, perché in questo caso *vis* vuol dire "violenza", sarebbe, in fondo, gradita alla ragazza stuprata. Non basta dire di no per scampare al predatore, signori maschi della corte, e ricordiamo che la legislazione italiana si è liberata di quella porcheria di norma che annullava il reato con le nozze riparatrici, con l'anello da sposa. L'anello della disgustosa catena di violenza barattata per rapimento d'amore. E, dunque, nessuno si azzardi oggi a dire *"vis grata puellae"*

Dopo il ratto delle Sabine, il resto fu la meticolosa conquista italica, ma non con tutte le popolazioni i Romani procedettero con lo stesso metodo nuziale. Altre genti non ebbero inviti a cena e subirono sistemi più ruvidi, come gli Osci, i Sanniti, i Sabelli, i Galli, i Messapi, i Bruzi. Niente feste per loro, neanche un happy hour. Sarà che i Sabini piacquero perché erano di sana razza contadina, con scarpe molto grosse e cervelli molto fini, rudi e fieri guerrieri affezionati a costumi frugali e diete rurali. La loro romanizzazione entusiastica, infatti, generò una forte vitalità nella cultura latina e lo stesso Catone il censore, uomo tutto d'un pezzo e non proprio un simpaticone, interprete del rigore dei Quiriti e dei valori antichi di Roma, con le sue origini sabine ne fu e ne diede testimonianza.

Amici, come tutti noi sappiamo, ci vollero ancora secoli perché la cittadinanza venisse concessa a tutti gli Italici, dalle Alpi alla Sicilia. Nel frattempo, però, quanti altri rapimenti sono stati compiuti in nome dell'amore!

La "fuitina" di Proserpina

Un fenomeno pulviscolare che appartiene al costume italiano ha ereditato la tradizione del ratto delle Sabine nella versione individuale. Parliamo della "fuitina". La denominazione, siciliana, ma esportata con successo nella lingua italiana, designa una fuga d'amore organizzata da una coppia di giovani per convincere le rispettive famiglie a concedere loro il matrimonio. A Bari la faccenda è nominata *"scinnuta"* che in italiano vuol dire "l'atto di scendere". Scendere da dove? Dalle scale di casa, quella casa che la ragazza abbandona temporaneamente e tatticamente per segnalare a mamma e papà che non vede l'ora di diventare *zita*, "sposa", cioè, fugando il rischio di diventare zitella, detta a Bari *"vacantina"*. Il messaggio dei fuggitivi ai genitori è inequivocabile, come dire: "Siamo scappati insieme e siamo stati soli per qualche giorno e qualche notte: fatevi un paio di conti e organizziamo delle nozze riparatrici". Fatto l'amore, trovati gli anelli. La fuga affibbierà alla ragazza l'epiteto "*zita ascennuta*" e con le nozze riparatrici si risparmierà molto sulla festa.

Il tema del ratto d'amore viene da lontano, dalle origini del mondo. Già Plutone, cui non mancavano certo i mezzi per farsi un harem, ricco com'era, provò a fare la *scinnuta* con la bella Proserpina per scaraventarla nella sua garçonnière sotterranea e lì tenerla per tutta la sua vita immortale. A sentire il poeta Claudiano, le cose andarono così.

C'era una volta Plutone, dio degli inferi che, annoiato delle tenebre del suo regno, volle vedere un po' di questo mondo e si affacciò alla luce. Cammina cammina, giunse a Pergusa, una pianura bellissima a mezza costa del monte Enna. Il prato era ingentilito da un laghetto azzurro alimentato da ruscelli canterini e rallegrato da fiori che, mischiando i profumi, creavano odori soavi al punto da inebriare. Questo, anche ai tempi di Claudiano, era previsto solo nelle fiabe: mai una catapecchia, mai pastori sdentati, mai una pioggia nel weekend. E come, appunto, nelle fiabe, all'improvviso Plutone scorse un bouquet di fanciulle che danzavano con movenze leggere, fiori tra i fiori. Si precipitò verso la più bella, Proserpina, che, alla vista di quell'omone così nero e gigantesco, con quegli occhi di brace e le mani come artigli pronti a ghermirla, forse per mangiarla meglio, fu colta dal terrore e fuggì ratta assieme alle compagne.

Il dio in due salti le balzò addosso, l'abbracciò con ingordigia, la pose sul cocchio e scappò col dolce peso. Una giovinetta che si chiamava Ciane tentò di fermare gli scalpitanti destrieri infernali, ma Plutone infuriato la trasformò in sorgente. Ancora oggi Ciane, con i suoi verdi papiri, porta le limpide acque cantilenanti a Siracusa: l'approvvigionamento idrico era risolto, almeno per qualche millennio.

Dopo nove giorni e nove notti insonni di dolore, mamma Cerere abbracciò le ginocchia di Giove per riavere la figlia Proserpina. Ma Giove nicchiava, perché Plutone era pur sempre della famiglia, anzi fratello e, per giunta, aveva un pessimo carattere. Allora Cerere, dea agricola con delega alle messi, accese una siccità in tutta l'isola come non se ne erano mai viste. Dopo la siccità istituì la carestia e la razza umana rischiò l'estinzione per fame. A nulla valsero preghiere e scongiuri: la dea giurò che la terra sarebbe rimasta sterile finché Core non le fosse stata restituita. Core era uno dei nomi di Proserpina. Core di mamma, destinata a essere una regina part time.

I castighi fatali rischiavano di andare per le lunghe e rischiano di andare per le lunghe anche le chiacchiere in questo nostro simposio. Facciamola breve: Giove inviò il suo plenipotenziario Mercurio dal fratello per imporgli di restituire Proserpina alla mamma senza "se" e senza "ma". Plutone obbedì, però, con un trucco e, prima di farla partire, fece mangiare alla sua amata dei chicchi di melagrana. Proserpina era stata a digiuno fino a quel momento, perché sapeva che anche solo assaggiare il cibo dei morti l'avrebbe condannata per sempre a restare nei sotterranei del mondo.

Cerere capì di dover venire a patti e acconsentì che la figlia, periodicamente, trascorresse qualche mese negli Inferi per dormire come moglie con Plutone e con lui regnare sull'Oltretomba. Un trimestre all'anno, secondo alcuni convitati, un semestre a detta di altri. Nacquero così le stagioni che, nonostante quello che si dice nelle conversazioni da treno, sono sempre le stesse.

Claudiano immalinconisce sui reperti della civiltà classica e li ripropone da pagano nostalgico, ma alla fine della favola *De raptu Proserpinae* resta, pur tra un soverchio di fiori e laghetti, di danze e profumi, il trionfo dell'amore. A questo ci associamo e levo il calice, o il cratere, anche a tutti i ratti di Zeus che non sono topi, ma ci fanno cadere nella trappola dei *tópoi** letterari che ne sono seguiti. A prescindere dai fumi del vino che mi disarmano di fronte alla complicazione della lingua, i rapimenti consumati da Zeus furono numerosissimi.

Raccontano che, tra le altre e gli altri, si invaghì di un certo Ganimede, ennesimo figlio della stirpe di Troia che passava per essere il più bello tra i mortali. Il fanciullo, appena adolescente, pascolava le greggi sul monte Ida, come Paride. Certo che su questa montagna ci doveva essere un traffico che neanche nelle ore di punta a piazza del Popolo a Roma! Con tutto quel viavai di pastori e pecorelle, dèi, ninfe, satiri e viandanti, non poteva passare inosservato il capo del governo a rimorchiare e, quindi, per fare il pappagallo Zeus pensò bene di travestirsi da aquila. Come tale ghermì il giovane e se lo portò nel suo nido in cielo, dove ne fece il suo coppiere personale. Brindiamo, dunque, a Ganimede, cari deipnosofisti!

E brindiamo pure al cigno, alla pioggia d'oro, al toro bianco, al satiro, al fuoco, al generale bellicoso, all'umile viandante e a tutti i mascheramenti che il supremo guitto Giove scelse per dimenarsi impudico sulla scena del mondo nelle cui quinte si nascondevano innumerevoli talami e giacigli per spudoratezze sublimi. Con tutti questi cambi di costume e di maschera viene il sospetto che Zeus si divertisse più nella messa in scena che nel perdersi tra le grazie di dee, ninfe e giovinetti mortali. Il personaggio era quello che era e, recitando da attore, naturalmente da primo attore, diventava molti personaggi. Vuoi mettere? È molto più divertente del ruolo di primo degli dèi che, peraltro, diceva di svolgere a tempo perso.

Anche oggi molte divinità minuscole interpretano ruoli spropositati, rappresentano personaggi maldestri in farse malinconiche, pagano i comprimari con le tangenti e compensano le amanti con comparsate o figuracce in televisione. Nessuno di costoro può somigliare a Giove che, arrogante quanto si vuole, le parti se le sapeva scegliere e le donne certo non le comprava. Ricordate il caso di Anfitrione?

Il personaggio è un generale che torna dalla guerra, una di quelle guerre all'antica, con spade, scudi, mazze ferrate, scudieri e mogli inconsapevoli ad attenderli a letto o ricamando al telaio. Torna a casa con il suo schiavo Sosia e trova il talamo coniugale presidiato da se stesso: da un altro Anfitrione? In realtà, o, meglio, nella beata finzione, è Giove che interpreta il doppio Anfitrione divertendosi due volte, come personaggio e come attore: con le grazie di Alcmena, la moglie, e con la voluttà della recitazione. Non so se *"cummanna' è meglio ca' fottere"*. Recitare certamente sì, per Giove! Applausi.

7
Giulio Cesare e gli *spin doctor*

Clap clap clap. Questo cartiglio si disegna nei fumetti per raccontare l'applauso, il suono prodotto da due mani che battono l'una contro l'altra. Nel caso di uno spettacolo noioso, nei fumetti aleggia sulla testa dei personaggi la scritta "*ron ron ron*", con la variante "*ronf ronf ronf*" se il sonno l'ha proprio avuta vinta.

Il consenso e l'approvazione sono manifestati dal battimani sin dall'antichità per ragioni oscure. Nessuno sa spiegare perché, di fatto, il rumore dell'applauso è sempre servito a vincere l'*horror vacui*, la paura del silenzio: è sintetico, polivalente, irrazionale. L'artista e il comiziante si beano, gli atleti lo amano, ma gli attori, soprattutto, sanno distinguere la qualità dell'applauso.

L'aneddotica del palcoscenico sfida i secoli, affidata, com'è, alla genialità affabile dei camerini e delle trattorie dopo teatro, ed è ricca di riflessioni e ragionamenti sugli applausi. Dietro le quinte gira addirittura un prontuario trasmesso per tradizione orale, di padre in figlio, di maestro in allievo debuttante e viceversa.

C'è l'applauso di sortita che saluta l'attore di vaglia, spesso il protagonista, quando entra in scena per la prima volta nello spettacolo, per rimarcare la notorietà dell'artista. È un segno di omaggio alla "ditta" e l'artista, per un fugacissimo attimo, esce dal personaggio, fa un minuscolo passo verso la ribalta e ammicca riconoscente al pubblico. Da alcuni invidiosi comprimari è detto "applauso sulla fiducia": il commendatore, il capocomico, il maestro che sia, infatti, non si è ancora prodotto. Se il titolare della compagnia o i protagonisti sono più d'uno e manca un applauso di sortita, sono guai, liti e malumori e in trattoria si separano i tavoli.

C'è l'applauso su battuta o al termine del fatidico monologo: le tecniche per guadagnarlo sono il bagaglio fondamentale di ogni attore di prosa che si rispetti e, durante le prove, non manca il gregario che vaticina: "Qui se ne cade il teatro". Se il teatro non se ne cade e l'applauso non viene scatta il cipiglio, si comincia a sospettare guardinghi il menagramo perlustrando le locandine e in trattoria si separano anche i conti.

C'è l'applauso finale con il rituale dei ringraziamenti che seguono una rigida procedura cerimoniale: per primi escono i titolari dei ruoli minori e, poi, crescendo, si arriva al protagonista che vezzeggia il pubblico con finte ritrosie, commozioni, inchini, baci ai loggionisti, uscite solitarie coronate da inviti ai comprimari, frementi in quinta, perché entrino anche loro a godere del trionfo. Infine, l'impagabile artista si prodiga in implorazioni al pubblico perché li lasci andare a riposare, a cenare prima che la trattoria chiuda. Stasera si mangia tutti insieme e il capocomico paga il conto.

C'è, poi, e gli attori lo riconoscono benissimo, l'applauso di sollievo: scroscia malinconicamente dopo una sospirata conclusione di una scena noiosissima, che sia di prosa o di melodramma. L'applauso di sollievo è liberatorio, conclusivo, definitivo e serve anche a svegliare chi ha ceduto all'abbiocco, ma ci sono spettacoli talmente pesanti e tediosi che il sonno te lo levano. Si racconta di quello spettatore reduce dalla prima di un'interminabile opera lirica tedesca che, barcollando, affrontò gli amici e confessò: "Non mi è riuscito di chiudere occhio".

Una volta il liberatorio applauso di sollievo era comunemente erogato anche al termine dei comizi e si mescolava con le fanfare degli inni finali. Oggi i comizi sono molto più rari e le campagne elettorali si allestiscono nella piazza televisiva.

L'applauso in televisione ha pochissime varianti e, nella maggioranza dei casi e dei palinsesti, è un rumore attivato periodicamente da un segnale. Il pubblico in studio, o in sala, un tempo seguiva gli ordini della scritta luminosa APPLAUSO, più recentemente ha preso ad assecondare il gesto imperioso dell'assistente di studio che schiaffeggia l'aria come fosse di un moderno *chatouilleur*, quello spettatore professionista che, nei teatri francesi dell'Ottocento, era pagato per ridere con naturalezza tale da coinvolgere con entusiasmo gli altri spettatori.

Da ultimo, sempre più spesso in televisione si può fare a meno di claque e segnali: nel pubblico pare serpeggiare un'intuizione, un automatismo, una spontanea adesione ai tempi caratteristici del mezzo. È un atteggiamento un po' tonto, come quello degli smemorati Lotofagi che Ulisse incontrò sulle coste dell'Africa settentrionale e, più precisamente, nella regione che gli studiosi indicano come l'odierna Cirenaica.

I Lotofagi, che con Ulisse furono molto ospitali, si cibavano solo del dolce frutto del loto, osservando una dieta totalmente vegetariana, e un po' monotona, con un tremendo effetto collaterale: chiunque partecipasse a quella mensa perdeva di colpo la memoria e cadeva in un ebete oblio. Questa condizione ai Lotofagi ormai piaceva moltissimo e applaudivano chiunque, a prescindere, soprattutto chi prendeva la parola per ultimo. Amavano particolarmente chi si parlava addosso, interrompeva e alzava la voce e l'applauso scattava sempre uguale. L'applauso dei Lotofagi, dicevamo, ha pochissime varianti.

In televisione l'applauso proviene da un pubblico che c'è ma non si vede, un pubblico probabile che può anche essere immane, ma che si può solo immaginare. L'applauso in studio scatta forsennato e clamoroso, ma è un tappeto sonoro acusmatico*, cioè non se ne percepisce la fonte quando lo si sente, perché la fonte è un pubblico simbolico e convenzionale che rappresenta lo spropositato bacino d'utenza della televisione. Un pubblico di "altri", in sostanza, applaude per conto di tutti i telespettatori e ride con risate registrate. Almeno dal 1950, da quando Charles Douglass inventò il Laff Box.

Il Laff Box è una sonorizzazione che fa le veci del pubblico, una claque su nastro magnetico che ride al posto degli spettatori mentre altre macchine riproducono battiti di mani registrati una volta per tutte, chissà in quale occasione. È bizzarro, a chi fa televisione capita di pensarci, che l'applauso scrosciante al culmine di una brillante esibizione in una diretta può essere quello prelevato da un antico Festival di Sanremo o che fu tributato al papa all'apertura dell'Anno Santo o dedicato al ministro che tagliò il nastro dell'Autostrada del Sole. Può anche essere un applauso importato che, magari, ha festeggiato il varo di una nave in Giappone o una convention democratica negli Stati Uniti.

Si narra di un conduttore televisivo che riconobbe, per averle ascoltate decine di volte, le ovazioni di una sua trasmissione di trent'anni prima. Nella diretta, per la commozione, gli vennero le lacrime agli occhi: molti dei plaudenti, ragionevolmente, potevano non essere più di questo mondo e, nell'inquadratura finale, un bel primo piano, il nostro fu visto rivolgere lo sguardo al cielo per un ringraziamento postumo.

Postumi appaiono a noi anche i trionfali applausi, sempre quelli, che ossessivamente accompagnano i documentari storici che raccontano le prodezze del regime fascista. A molti sarà capitato di riflettere, guardando e ascoltando le adunate oceaniche, di stupirsi per il consenso accanito e travolgente. I racconti di quegli eventi che tornano dal passato, in replica di taglio giornalistico, coloriti da faziosità tirannica, impressionano. Quegli applausi, quelle grida hanno superato decenni e hanno ancora la forza di una cronaca storica che invecchia, per fortuna, ma che allarma perché racconta la potenziale replicabilità anche degli eventi. E, quindi, si tratta di informazione, di *news*.

Giulio Cesare e i piani d'ascolto

Dei trionfi di Giulio Cesare abbiamo resoconti mediati dalla parola, dalla pagina scritta, dalla scultura: possono, dunque, riposare nel ricordo. Se ne avessimo dei film Luce e dei documentari su pellicola, avrebbero ancora maggiore drammaticità e un aspetto inquieto. Cesare si avvantaggia della mancanza di fotografie, filmati e cronache giornalistiche di tipo moderno, perché l'immaginazione dei posteri ha collezionato una quantità di rimembranze, aneddoti, favole che hanno costruito il suo mito col dado tratto, la corona d'alloro, i manoscritti del *De bello Gallico*, Vercingetorige alla catena e le Idi di marzo. Se ci fosse stato un cineoperatore a documentare la sua morte sotto i piedi di marmo di Pompeo, l'umanità dopo di lui non avrebbe raccontato in tanti modi diversi la stessa scena e Bruto e Cassio, probabilmente, sarebbero rimasti due toghe nel mucchio anonimo dei molti attentatori dei quali pochissimi storici ricordano i nomi. Meglio com'è andata: forse, controllando l'audio dell'ipotetico filmato, rischieremmo di scoprire che, rendendo l'anima, Cesare disse soltanto: "Ma che state a fa'?" e non il lancinante: "*Tu quoque, Brute, fili mi!*". Si vive anche pensando a come essere ricordati e, se uno ne ha i mezzi, anche a commemorarsi in anticipo nel libro di Storia.

La tecnologia moderna, dalla fotografia alla Rete, impone regole nuove per passare alla posterità in maniera decorosa. Lo stesso Mussolini si affidò al cinema con vigile parsimonia e controllò personalmente la scelta delle fotografie da diffondere, forse per vanità o perché temeva il grottesco provocato da una posa sbagliata, un atteggiamento goffo, un'espressione domestica, un dito nel naso. Ma è possibile, allora, che un romagnolo come lui non si sia messo per primo a ridere contemplando tutta la paccottiglia retorica e magniloquente che i tirapiedi di tutta Italia allestivano con sprezzo del ridicolo?

Se ci fosse stata la televisione e la spietata presa diretta, senza possibilità di censure e montaggi, forse gli italiani si sarebbero risparmiati qualcuno dei venti anni di guai. Una pernacchia liberatoria si sarebbe potuta levare da uno dei tinelli d'Italia per trasvolare dalle Alpi all'oceano Indiano, ma la televisione non c'era e c'era il ministero della Cultura popolare, il MinCulPop che già nel nome abbreviato suonava osceno, sinistro e minaccioso per il popolo.

Oggi la televisione c'è e i politici continuano ad ambire al consenso della platea più degli attori, frequentano salotti e studi, imparano a guardare nella telecamera, studiano la parte e si ingegnano per sabotare il contendente. Guadagnano applausi e gongolano come certi piazzisti che godono più dell'acclamazione dei passanti che dell'esser riusciti a rifilar loro le patacche.

I rappresentanti del popolo si affidano ai consulenti, si sono fatti spiegare come si sta in tivù, come scegliere la moquette, quali foto di bambini, non importa figli di chi, esibire sulla scrivania e quanti volumi dell'*Enciclopedia Treccani* mettere a far da fondale. Vanno moltissimo la foto di madre Teresa di Calcutta, l'abat-jour minimalista e una penna da maneggiare.

È molto curata e meticolosa anche la preparazione della tecnica di ripresa e, alla fine del secolo scorso, si parlò addirittura di una calza di nylon messa a mo' di filtro sull'obiettivo della telecamera per sfumare le rughe del capo. Nello stesso periodo fu sgominato il mistero del "piano d'ascolto" e pure i politici, come consumati attori di fiction, impararono a sfruttare quell'inquadratura che il regista manda in onda quando il soggetto sta ascoltando un'altra persona che parla non inquadrata.

Nei dibattiti in televisione il piano d'ascolto, che attiene al linguaggio della narrazione per immagini, diventa un'arma potente e sleale che serve per smentire, dissentire, far sentire anche senza proferire verbo, ma solo qualche suono inarticolato, borborigmi, cachinni e risatine. Privi di idee, negati come attori, i politici televisivi recitano male, con goffaggine e, oltre dell'incivile tecnica del parlare addosso agli altri interlocutori, abusano del piano d'ascolto. I bofonchiamenti sono tempo rubato a chi parla a opera di furbacchioni che, quando si accorgono di essere inquadrati, e appositi servitori lo segnalano, assumono espressioni pensose, fanno smorfie, ridono sardonicamente, inarcano il sopracciglio, fanno *bum* con le guance. Nella vita si ascolta, in tivù si fanno i piani d'ascolto.

Il risveglio mattutino del politico televisivo è un tormento. L'ouverture della giornata si stiracchia tra le incombenze consuete ai comuni mortali fino all'ora fatidica dell'Auditel. Gli indici di ascolto: i più premurosi collaboratori li raccolgono come fiori in boccio se sono buoni, come rottami d'una serata perduta se sono cattivi, poi li comunicano al divo che li ascolterà come impeccabili sentenze, se favorevoli, imprecando contro l'accanimento d'un ingiusto destino, se malevoli. La consolazione è che c'è sempre un altro politico televisivo che è andato peggio. Ma la colpa è sempre del consulente, lo *spin doctor*.

Demostene lo spin doctor

Uno *spin doctor* dell'antichità fu Demostene. Demostene, non tutti ricordano le pagine di Plutarco che, francamente, si dura fatica a riordinare nella memoria, fu prima logografo, oggi diciamo ghostwriter, e, solo dopo, oratore, alla fine di un ostinato, tenace training, ad Atene dicevano "scuola", di tecnica retorica, arte scenica, dizione e recitazione.

L'apprendista Demostene teneva famiglia, ma non nel senso moderno e corrivo che in Italia giustifica qualsiasi distrazione e vagabondaggio rispetto alle norme: teneva famiglia nel senso crudele di una famiglia di carogne. Nato ad Atene da lignaggio cospicuo, il babbo era un industriale che fabbricava armi, rimase orfano all'età di soli sette anni e fu affidato agli zii i quali dilapidarono assiduamente l'ingente patrimonio che era stato loro affidato insieme al giovinetto. Demostene non pensò ad altro che a vendicarsi e alla maggiore età si rese attore di un processo contro i parenti serpenti. I serpenti, rapaci e ladri, soccombettero e restituirono gran parte del maltolto. Per vincere la causa, Demostene aveva studiato accanitamente diritto, scienze politiche, eloquenza. E piani d'ascolto. I logografi a cui si affidò gli insegnarono la retorica e ben presto diventò logografo egli stesso e poi avvocato e poi uomo politico. Una carriera folgorante.

Prima di affrontare l'agorà si era preparato ai primi piani che gli sguardi del popolo, vere e attente telecamere, avrebbero inquadrato. Studiò mimo e recitazione davanti al pubblico più rumoroso e violento che si possa immaginare: il mare impetuoso. I cronisti del tempo riferiscono a Plutarco come Demostene abbia fatto le prove monologando solitario sulla riva del mare agitato. In epoca arcaica si sarebbe detto che faceva le prove con Poseidone, ma il mito, nel tempo di Demostene, tace appartato nella profondità dell'anima collettiva e racconta solo se interrogato.

I cronisti non si stancano di ricordare anche la balbuzie del logografo divenuto oratore e giureconsulto* e i suoi sforzi eroici e incessanti per vincere il difetto esercitandosi a parlare sopportando in bocca alcuni sassolini che gli sollevavano la lingua e così lo aiutavano. Deve essere per la stessa ragione che alcuni si presentano in pubblico masticando chewing-gum, altrimenti sono solo maleducati.

Il curriculum di Demostene spiega la ragione della sua straordinaria abilità oratoria che somigliava al genio di un attore. I Greci chiamavano *deinótes* l'impressionante talento di aggiungere passione nel discorso con un'eleganza della lingua e della costruzione che lasciavano stupefatti gli spettatori cittadini.

Altre voci sostengono che sia stato corretto nella balbuzie dagli esercizi respiratori insegnati da Satiro, professore di declamazione che doveva intendersene di fiato e fiatone, dato che era abituato a discutere passeggiando nel Peripato.

Chiunque tra i politici televisivi che ci leggono può consultare un volume della *Treccani* alle sue spalle per ricordare che il Peripato era la parte del giardino del Liceo, in Atene, dove Aristotele teneva le sue lezioni e dove i suoi allievi si riunivano per discettare camminando in tondo. I membri della scuola aristotelica per questo furono chiamati "peripatetici", mentre la declinazione femminile del vocabolo rimanda ad altro tipo di passeggiate e passeggiatrici, però l'enciclopedia ne fa scarna menzione. I politici televisivi sembrano essere molto più informati di quanto non lo sia il lessico filosofico, ma non abbiamo voglia di impegnarci in una filippica sui politici attratti dalla filosofia da boudoir.

Preferiamo le *Filippiche* di Demostene, oratore e politico che, nella Grecia del suo tempo, conquistò altissimi ascolti con la perfezione della sua oratoria, la sobrietà del suo stile nemico di ogni fronzolo, di ogni vano panneggio, di ogni ingombrante svolazzo. Voleva la verità, come è giusto che un filosofo cerchi, la verità lampante delle cose alla cui ricerca le parole devono essere destinate quando sono pronunciate nell'armonia di un discorso e non usate a vanvera come suoni vuoti di senso, solo per riempire lo spazio dello spettacolo tra una pubblicità e l'altra.

Il nodo di Gordio e i tagli dei nastri

Ma il filosofo avverte che lo spettacolo è la vera merce dell'età nostra. Anche prima del tempo reale? Alessandro Magno non ha problemi di *share* quando recide il nodo di Gordio, perché sa che l'Europa e l'Asia stanno a guardare il suo taglio spettacolare. In quel tempo i pastori erranti di entrambi i continenti erano impegnati in una devozione alla Luna che qualcuno più tardi canterà, o, almeno, ci piace pensarlo.

> Che fai tu, luna, in ciel? dimmi, che fai,
> silenzïosa luna?
> Sorgi la sera, e vai,
> contemplando i deserti; indi ti posi.
> Ancor non sei tu paga
> di riandare i sempiterni calli?
> Ancor non prendi a schivo, ancor sei vaga
> di mirar queste valli?

Alessandro arriva a Gordio e, diligentemente, pensa bene di visitare il tempio locale di Zeus, anche se, forse, la sua intenzione era, piuttosto, di fare un sopralluogo per uno spot pubblicitario del suo programma di traslochi progressivi e invadenti. Il babbo Filippo, re di Macedonia e bersaglio delle *Filippiche* di Demostene, irriducibile nemico della prepotente egemonia della famiglia sulla Grecia, pensando al testamento e considerando la capacità e il talento di statista del figlio che ben altri imperi meritava, si era scusato dell'esiguità del suo reame e all'erede *in pectore* aveva implicitamente augurato di largheggiare in succursali.

Alessandro non si era fatto pregare e, qualche tempo dopo, si "allarga" sino ad arrivare nella Frigia e, occupata la splendida città di Gordio, allora capitale del paese, si ferma a contemplare un carro consacrato al sovrano dell'Olimpo. Un oracolo aveva predetto che chi fosse riuscito a sciogliere il nodo che ne legava insieme giogo e timone sarebbe diventato il dominatore dell'Asia. Il condottiero macedone, per non disattendere l'auspicio della buon'anima di suo padre preoccupato delle dimensioni dell'impero, sbircia quel groviglio di corteccia di corniolo intrecciato così saldamente da rendere impossibile anche solo vederne l'inizio e la fine e subito si mette a pensare a come districarlo. Alessandro aveva tanti pregi, ma la pazienza non era tra questi e, per evitare di rovinarsi le unghie, e soprattutto per non perdere tempo con i giochi di prestigio, si fa venire un'idea. Al ragazzo certo le idee non mancavano, viste le lezioni private impartitegli da Aristotele, suo precettore personale e, poi, caro amico: si dice persino che non mancasse di spedirgli libri, animali e materiali di studio da ogni nuova terra conquistata. All'epoca i maestri erano amati e rispettati.

L'idea è la fervida omissione di sciogliere il nodo, meglio tagliarlo. Alessandro sa che il mondo lo guarda e lo guarderà e registra una scena per gli archivi del futuro, perché pensa che il futuro non c'è se non lo si progetta e, dunque, egli ha diritto di pretendere di essere nostro contemporaneo. Il ciak sulla scena del taglio apre una sequenza destinata ai racconti degli storici che ricameranno metafore sulla tappezzeria del mito.

Il nodo di Gordio può essere davvero un intrico di corde che legano un aratro, e lì basta il brando affilato, ma si presta a essere interpretato altrimenti: un verso arruffato, un monogramma, un palindromo* di un nome divino, un enigma vanamente inestricabile, una congettura filosofica estenuante. Alessandro taglia corto e, davanti ai popoli di Europa e Asia, l'un contro l'altro armati, recide il nodo con la spada dell'astuta intelligenza. *Clap clap clap*. Applausi del suo pubblico, applausi dei suoi tempi e applausi del domani di cui ha intuito e desiderato il suono.

L'allestimento è suggestivo: guerrieri e popolo, fondale di cielo aurorale e lui, Alessandro, uno strano uomo di origini misteriose che rimandavano all'antica stirpe indoeuropea, biondo, con un occhio diverso dall'altro e consapevole che questa eterocromia fosse contemplata da tutti come un segno del favore degli dèi. Il conquistatore affronta l'epilogo del dramma e consegna alla biblioteca di "color che sanno" la messa in scena del taglio gordiano: l'ovazione è trionfale e si mescola con l'applauso del futuro che profetizza. L'allievo di Aristotele sa di poter contare sull'applauso dei posteri, i nostri tagliatori di nastri si accontentano degli applausi registrati degli antenati.

Esiste una propensione virtuosistica degli italiani per le inaugurazioni, una vera e propria passione che ci rende un popolo di inauguratori. Eppure è raro che il fasto casareccio dei tagli dei nastri passi alla Storia o allo spettacolo della Storia, più probabilmente alla Storia dello spettacolo, alla voce "farsa". Il presenzialismo che soffoca queste cerimonie non paga e lo sa bene soltanto il vescovo che benedice il tutto e le benedice tutte. Sua eminenza fa come don Camillo: alza gli occhi al cielo e gli pare di sentire un sospiro paziente.

A ben vedere, cari convitati gaudenti qui riuniti a banchettare, pure noi più che deipnosofisti sembriamo presenzialisti e, come loro, diamo a vedere che ci interessi soltanto il buffet che arriva sempre al momento giusto. Momento giusto: direbbero *kairós* gli amici Tucidide, Lisia, Plutarco, Platone e lo stesso Demostene. Tutti greci e tutti convinti che c'è un tempo opportuno per ogni scelta che compiamo, per ogni evento della vita. Cogli l'attimo, cogli l'occasione, solo così sarai in armonia con il mondo, commetterai meno errori e, se sei qualcuno, diventerai sempre più qualcuno.

Ci avete fatto caso? Gli amici Latini usano "*quidam de populo*" per dire "un tizio", "un volto nella folla". Chi è? È il personaggio più popolare, invadente, micidiale che esista, di tutta la gamma è il più vero: l'uomo qualunque. Se sei un *quidam de populo* e cogli il *kairós* vivi meglio, non tiri a campare e rischi addirittura che la fortuna ti sorrida da quel treno, l'unico, su cui devi salire. Lì l'uomo qualunque può incontrare, negli scompartimenti di prima classe, le anime grandi di cui ha letto a scuola nei libri. Nel vagone letto sonnecchiano Cleopatra e Omero, non nella stessa cabina (come abbiamo già ricordato, ogni tanto anche il buon Omero si appisola) e, al vagone ristorante, troverà il re di Francia e Richelieu che chiacchierano con Trimalcione e Flaiano. Ma bisogna salire sul treno, quel treno che passa una volta sola, e bisogna saper cogliere l'attimo fuggente, soprattutto se senti che sei predestinato a passare alla Storia o intendi o sogni di farlo con tutte le forze. Senza sensi di colpa, perché è meglio voler passare alla Storia che voler passare alla cassa. Ci si può accontentare anche di passare alla Geografia: l'ammiraglio Cristoforo Colombo è passato a tutte e tre con un uovo tirato fuori e manipolato al momento giusto. Il *kairós*, il momento giusto per fare o dire qualcosa o, anche, non fare e non dire qualcosa. Tacere.

La Luna si è affrettata stasera

L'antica sapienza esalta la virtù del silenzio e i vantaggi del tacere, magari per ascoltare. La saggezza degli antichi riverbera nell'odierna agorà mediatica dove l'affabulazione isterica dei politici e l'invadenza dei clienti impedisce la via della logica e della ragione. Il *lógos* soccombe per le chiacchiere del talk spettacolare. Provate a capire le opinioni di chi contende nel foro elettronico in quel chiasso di voci. I registi tentano di praticare la tecnica dei piani d'ascolto, ma s'arrendono impotenti: per inquadrare qualcuno che ascolti occorre che taccia e non faccia smorfie e questo non accade. Se i registi hanno letto gli antichi, Vangelo compreso, conoscono l'ossimoro "parla tacendo".

Non tutti gli addetti ai lavori ricordano il consiglio, ne è prova l'aneddoto che circola da anni e che riguarderebbe il papa Paolo VI, la televisione e un *quidam de populo* che non seppe star zitto. Ecco l'aneddoto.

Il pontefice si degnò di lasciar entrare le telecamere in un ambito sacro, non sappiamo se in una sacrestia o su di un altare, perché riprendessero le immagini della vigilia dell'apertura dell'Anno Santo. Nella confusione dell'allestimento, sua santità si aggirava in breve corteo tra tecnici, giornalisti e dignitari del cerimoniale incuriosito dal nuovo, portentoso mezzo. Forse in un attimo di distrazione dei funzionari e del seguito, il papa si rivolse a un cameraman che trafficava con la telecamera per approntarla e, dopo aver ricevuto devote informazioni e devotissimi dettagli tecnici, pare gli abbia chiesto: "Figliolo, noi che cosa dobbiamo fare?". Si dice che il cameraman, solerte e premuroso nel preparare l'inquadratura, quasi genuflettendosi, gli abbia risposto: "Santità, lei si metta pure dove crede e faccia finta di pregare". Faccia finta di pregare. Al Vicario di Cristo.

> Cari figlioli, sento le vostre voci. La mia è una voce sola, ma riassume la voce del mondo intero. Qui tutto il mondo è rappresentato. Si direbbe che persino la Luna si è affrettata stasera, osservatela in alto, a guardare questo spettacolo.

Un altro Vicario di Cristo, in una sera d'autunno, aveva colto l'attimo guardando il cielo e intuìto quel passaggio delle sue parole che sarebbe diventato il *Discorso della Luna*. Era Giovanni XXIII, papa Roncalli, e continuò nella sua confidenza alla gente di piazza San Pietro, ai cristiani, cioè, di tutto il mondo, ma che dico, a tutta l'umanità. E a tutta l'umanità raccomandò:

> Tornando a casa, troverete i bambini. Date una carezza ai vostri bambini e dite: "Questa è la carezza del papa". Troverete qualche lacrima da asciugare, dite una parola buona: il papa è con noi, specialmente nelle ore della tristezza e dell'amarezza.

Se il suo sguardo non fosse stato attratto da quella Luna, forse il suo discorso sarebbe stato un altro e possiamo solo immaginare quale, ma non lo sapremo mai, perché, per quella luce lunare, le parole furono quelle, pronunciate nel momento preciso in cui il mondo aveva bisogno di sentirle. Il papa le pronunciò, convocando la Luna come complice e amica, e parlò a chi c'era, cioè noi, tutti, quelli che erano, che siamo e verranno. E, del resto, come si fa a resistere alla Luna? Neanche un papa può, perché le anime grandi intuiscono che la Luna indica il *kairós*. Come dice il Personaggio:

> Si dovrebbe poter comandare alla Luna un bel raggio decorativo. Giova, a noi, giova, la Luna. Io per me, ne sento il bisogno, e mi ci perdo spesso a guardarla dalla mia finestra. Chi può credere, a guardarla, che lo sappia che ottocent'anni siano passati e che io, seduto alla finestra non possa essere davvero Enrico IV che guarda la Luna, come un pover'uomo qualunque?

E come un pover'uomo qualunque un altro papa azzecca magistralmente il momento giusto per conquistare con due sole parole una cordiale, affettuosissima popolarità. Certo che era il momento giusto, come poteva esserlo di più? Era il momento dell'incoronazione davanti ai fedeli, davanti al mondo tutto incuriosito da questo Polacco, ex attore e umile prete perseguitato, innamorato della Fede che diventa pontefice e, semplicemente, dice: "Mi corrigerete".

Il computer lo segna come errore, ma dovrà imparare, d'ora in poi, a dirlo, a scriverlo: l'ha detto Giovanni Paolo II, al momento giusto. In quell'attimo ha affascinato tutti, ammettendo che, almeno nella pronuncia italiana, l'infallibilità del Vicario di Cristo non è un dogma. Anche lui può imparare qualcosa dal prossimo.

E Alessandro Magno? Il Macedone aveva tutte le ragioni per credersi infallibile e, invece, al momento giusto si procurò una bella lezione, una lezione di vita che solo un filosofo poteva impartirgli. Ad Alessandro i filosofi piacevano sin dal tempo di Aristotele, il suo precettore, ed era uomo di buone letture, tanto che non si separava mai, almeno così dicono, da una copia dell'*Iliade* di Omero.

Un bel giorno il condottiero, informato della leggendaria e burbera saggezza di Diogene, volle fargli una visita per raccattare qualche ammonimento o cavarsi la curiosità di fronteggiarlo. Giunto al cospetto di quel bizzarro pensatore che aveva deciso di vivere di niente, riparato solo da una botte, e che aveva ripudiato perfino la coppa per bere, una volta appurato che poteva usare la mano, Alessandro ne rimase affascinato. Il grande conquistatore fu conquistato dal filosofo e, in segno di ammirazione, gli chiese se ci fosse qualcosa che avrebbe potuto fare per lui, offrendogli di esaudire qualunque suo desiderio. E quando diceva "qualunque desiderio" c'era da credergli: la sua era la parola del padrone del mondo.

Secondo la leggenda, Diogene di Sinope, detto "il Cinico", udita quella promessa, venne fuori dalla botte, guardò il sole che splendeva nel cielo terso e così rispose al Macedone: "Sì, puoi fare qualcosa per me. Scansati che mi fai ombra". Ombra regale, ma sempre ombra era e fastidiosa, evidentemente. Dopo la nota resezione di Gordio, ecco un ennesimo *kairós* per Alessandro che, assicuratosi che i fotografi e i giornalisti avessero registrato tutto, in un'intervista dichiarò: "Se non fossi Alessandro, vorrei essere Diogene" e proseguì sul cammino del Mito con la sua *Iliade* sottobraccio. E noi ancora ne parliamo.

8
Cantami, o mouse

"Nun teng' nemmeno li sold' p' pagare la lettera a lu scrivan' che mi sta scrivend' la lettera presente" detta il furbo contadino inurbato* a Totò scrivano per fare arrivare a Giuseppe compare nipote le notizie della sua indigenza metropolitana. Lo zappatore avverte la famiglia delle sue precarie disponibilità economiche e, nell'atto stesso, informa lo scrivano che non sarà pagato, ma Totò intercetta il messaggio e interrompe la comunicazione: la lettera non sarà né scritta né spedita, il nipote nella profonda Puglia non sarà allarmato e, quindi, non manderà soldi, caciotte e pomodori.

Miserie da vicolo e nobiltà da massmediologi rinomati: il mezzo, la lettera, è il messaggio. McLuhan sorride ancora una volta e, compiaciuto, appunta che il messaggio accessorio "non c'è una lira" ha annullato il messaggio principale e strappato il mezzo in mille pezzi. E Felice Sciosciammocca, lo scrivano, dovrà rinunciare alla pizzetta nella quale aveva già investito i guadagni sperati. Alle corte, non si mangia neanche oggi.

Astutamente, lo zappatore di cervello fino, anche se calzato alla grossa, intuisce la forza del carattere implicito del messaggio: io parlo a te che leggerai per far sapere a lui che scrive sotto dettatura. Più familiarmente, si usa dire "la lettera è alla moglie perché la suocera intenda". La suocera e Totò si innervosiscono e la prima si allontana borbottando verso la stanzuccia da letto, mentre il secondo butta via la lettera e si avvia a digiunare nella stamberga.

Totò epistolografo* si illustra pure con un ineffabile Peppino De Filippo nella stesura della mitica lettera alla "malafemmina" in un altro gioiello del cinematografo. Il recapito è quello della sciantosa, ma i destinatari veri sono gli spettatori di allora e di sempre, che, innumerevoli, anzi, *abbondandis id abbondandum*, continuano a ridere di cuore dei fratelli Caponi, che ci scrivono senza badare a spese di punteggiatura e ci salutano "indistintamente". Ma tutti, tutti gli autori, esplicitamente o implicitamente, parlano ai lettori, a loro recitano e cantano e raccontano. All'onorevole pubblico contemporaneo e a quello che verrà.

Dante, dal suo scrittoio, spesso si rivolge ai suoi lettori, anzi usa il singolare e guarda gli spettatori della sua *Commedia* uno alla volta e dice:

> Pensa, lettor, se io mi sconfortai
> nel suon de le parole maladette,
> ché non credetti ritornarci mai

arrancando nell'VIII dell'*Inferno*. Peregrinando, poi, nel IX del *Purgatorio* spiega:

> Lettor, tu vedi ben com' io innalzo
> la mia matera, e però con più arte
> non ti maravigliar s'io la rincalzo

e, infine, beato nel X del *Paradiso* ci invita:

> Leva dunque, lettore, a l'alte rote
> meco la vista, dritto a quella parte
> dove l'un moto e l'altro si percuote

Il cagnolino della ricerca del computer ha fiutato nei *files* della *Commedia* l'indirizzo al lettore per almeno sedici volte. L'Alighieri, dunque, molto spesso parla al lettore per far arrivare all'Editore una preghiera e a noi chiede di parteciparvi. Parla scrivendo e la scrittura per lui deve essere anche un piacere sottile, ne è prova il fatto che le dedichi attenzione e le rivolga encomi e la usi come artificio spettacolare nella messinscena delle tre cantiche. È affascinato dalla grafia, dall'alfabeto e dalle sue copiose possibilità combinatorie che sperimenta nella sua appassionata e inesauribile vena di onomaturgo*.

Dante si misura con l'arte grafica nel memorabile XVIII del *Paradiso*, il canto in cui si impegna a scrivere in cielo: "*Diligite Iustitiam Qui Iudicatis Terram*". Anche i politici di oggi possono agilmente tradurre, o, più probabilmente, farsi tradurre: "Abbiate la giustizia nel cuore voi che giudicate il mondo". L'Alighieri ricama parole divine nel cielo di Giove con le prestazioni aviatorie di santi e beati, felici, svolazzando, di cantare e scrivere le lettere dell'alfabeto umano e, segnatamente, componendo quella "M" onciale dell'accusativo *terram* che, guarda caso, è il maiuscolo monogramma della monarchia terrena. Nell'insegna paradisiaca la lettera "M" si trasforma in un'aquila imperiale per divina prestidigitazione.

È meglio non dilungarsi sul significato della parola "onciale"; accontentiamoci di sapere quello che i tipografi non possono ignorare: era l'onciale un *font* medievale molto elegante, al punto da conquistare copisti e dottori della Chiesa che, a corto di *word editor*, faticavano con penne e inchiostri.

Onciale o Times New Roman, comunque, neanche Dante avrebbe potuto metterci una pezza con William e Catherine. Ricordate la coppia regale con l'ambascia delle iniziali? L'alfabeto, oltre al paziente lavoro che deve svolgere per permettere agli scontrosi e petulanti scalatori di tutte le Torri di Babele di comunicare e tentare di comprendersi, è arruolato pure per caricare le sue lettere del compito poetico di simboleggiare la consonanza dei sentimenti nell'intreccio del disegno. Ma l'acronimo onomastico WC ha messo a rumore i sofisticati salotti degli Windsor: neanche ricamato, dipinto o tracciato in grafia onciale si sarebbe riscattato dal rinvio igienico sanitario. *Et de hoc satis*, insomma di Pippa e famiglia abbiamo parlato abbastanza. Auguri e figli maschi.

Ma che scrittura d'Egitto!

Non si è raccontato abbastanza, invece, dell'*Iliade* di Alessandro Magno. Ricordate? L'ultima volta che abbiamo incontrato il condottiero stava bighellonando dopo aver fronteggiato Diogene chiuso nella sua botte e, diciamolo, nella sua spocchia filosofica. Il re doveva sembrare uno scolaretto mentre girellava per tutto il Medio Oriente fino in Egitto con il suo libro sottobraccio, ma, a ben vedere, non possiamo chiamare quell'opera "libro", non ancora, almeno, forse neanche dovremmo dire "copia", probabilmente erano dei *volumina*, delle cartapecore, dei papiri. Fatto è che Alessandro si adatta a diventare un piazzista della lettura e, quindi, della scrittura e va a cercare interlocutori e clienti in Egitto con la copia saggio dell'*Iliade*. Proprio in Egitto, dove, a sentire il Platone del *Fedro*, la scrittura è stata oggetto di riflessione e dibattito culturale tra sovrani e tecnici: è utile, non è utile o è addirittura dannosa?

Il tecnico, che era un dio, un certo Theuth, propone al re Thamus l'ultimo ritrovato della scienza, cioè la scrittura, assicurando che, in poche comode rate, qualsiasi suddito potrebbe giovarsi di questo strumento così prezioso per ricordare e, dunque, per sapere.

La scrittura? Tentenna Thamus e impartisce all'editore piazzista una lezione sulle competenze della politica e degli scienziati. Ognuno deve fare il mestiere suo: gli scienziati devono fare ricerca e, possibilmente, aiutare i concittadini a vivere meglio, mentre ai politici compete l'organizzazione della cosa pubblica, la valutazione di quanto convenga alla comunità che amministrano e la stima del loro stipendio.

A quei tempi una tale valutazione dei rapporti e delle funzioni dei poteri contava sull'alta considerazione che la Cultura e l'Arte riscuotevano anche nelle sale del trono. Il sapiente di oggi obietterebbe a Platone che quegli stessi tempi e quegli stessi popoli pagavano il prezzo del severo e occhiuto dirigismo della monocrazia* che rendeva, sì, le faccende più spicce, ma restringeva il diritto e la libertà d'opinione.

L'opinione del re Thamus è che la scrittura, in verità, non porterà benefici alla memoria come sostiene Theuth nel suo messaggio promozionale. Al contrario, proprio in qualità di memoria artificiale, la scrittura dispenserà i sapienti dall'esercizio del ricordare e produrrà l'oblio nell'animo di chi apprenderà quei segni esteriori alla mente dell'uomo. E il sapere raccontato e condiviso su cui si fonda l'orgoglio di Thamus sarà sostituito da grandi biblioteche piene di libri come quello che porterà sottobraccio Alessandro Magno per darsi delle arie da intellettuale.

I bambini egizi non impareranno più a memoria le poesie dalla soave voce di mamma e le maestre non insegneranno più alle fanciulle le canzoncine da cinguettare nei vicoli e che riecheggiano di giardino in giardino. Quanto a far di conto, arriverà Pitagora a predisporre le tabelline che fino all'altro ieri noi posteri abbiamo consultato nell'ultima pagina del quaderno nero con il bordo rosso. Ieri sono arrivate le calcolatrici e gli scolari hanno smesso di far di conto con quel piccolo minuetto delle dita sulle labbra come per inviare dei piccoli baci; oggi, poi, è arrivato Internet e i bambini, piccoli nettadini*, partono per lunghe navigazioni per consultare l'oracolo dell'Intelligenza collettiva, anche per cercare i versi una volta conosciuti da tutti a memoria. Cantami, o mouse.

Ma la nostra civiltà di posteri è un reticolo immane, plurale e poliglotta di saperi che ci sono stati affidati sin da lontanissime genealogie da una miriade di parole scritte col controcanto, in sottofondo, delle parole dette, raccontate e qualche volta sussurrate. Comprese le parole di Platone che incarica il faraone di sottoporre allo scienziato e a noi i suoi dubbi sull'utilità della scrittura e, per far questo, scrive un libro. Pensa, lettor.

Pensa, lettor, e sgoméntati, al Dio ineffabile degli Ebrei che si deposita in un libro conoscendo l'ansia di speranza dei figli che da questo Libro vogliono essere accuditi e guidati nella fatica che li aspetta dopo la cacciata. E pensa, lettor, al Dio dei Cristiani che commissiona con imperiosa dolcezza agli Apostoli la sua memoria da scrivere e tramandare per la loro speranza e la nostra, per la speranza di tutti. E pensa, lettor, alla folla dei Vangeli apocrifi che si avventurano nella ridda di interpretazioni della buona novella con la scapigliata tenerezza dei racconti con entusiasmo irenico* e nella speranza di testimoniare. E pensa, lettor, quanto siamo stati spericolati nello spingerci in questi territori del Sacro, ma gli è che Gesù ha camminato nel vento della Storia e non va dimenticato e, anche qui, adesso, qualcuno doveva pur raccontarlo. Come facciamo, sommessamente, in queste pagine: scrivendo e tu, caro lettor, leggendo.

La scrittura è un mezzo di comunicazione diacronica* e ogni libro interpreta la volontà del suo autore, implicita o manifesta, ma, comunque, perentoria, di condividere i saperi, le esperienze, il racconto pure con gli sconosciuti lettori a venire. Con la comunicazione diacronica nasce qualcuno capace di scrivere l'*Iliade*, di trasmetterla senza cambiarla più e farne testimonianza di uomini veri che hanno vissuto, sudato, pianto e sorriso faticando nella Storia. Da quell'*Iliade* tramandata per iscritto mai si separerà un grande condottiero, un principe dell'utopia che vagheggiava di poter unificare il mondo sotto il suo trono. Ma perché Alessandro Magno portava sempre con sé un amuleto da bibliofilo anacronistico e tanto ingombrante? Perché era qualcosa di veramente, intrinsecamente prezioso. Perché per produrre quel libro, chiamiamolo così, ci voleva la vita e ci voleva anche la Storia, cioè qualcosa di documentabile e uno strumento del racconto che proprio con la scrittura nasce. Da quel momento, il passo per arrivare ai reality show si accelera.

"Domani a memoria"

Petrarca canta in versi che, per passare alla posterità, non occorre essere statue immobilizzate nella retorica del marmo, ma è caro che i poeti di te parlino e ti raccontino nei libri. Il sonetto numero 104 del *Canzoniere* è bruttino e sparge versi fastidiosamente encomiastici per un tizio poco commendevole come l'ennesimo Malatesta, tal Pandolfo, ma la riflessione è interessante: la memoria dei posteri ha bisogno che qualcuno scriva di te, perché, *scripta manent*, si sa, e più dei bronzi, dei marmi e delle erme sopravvivono gli scritti, pur su così effimeri supporti, perché una volta letti sarà la mente ad assicurarne la longevità oltre il domani di ognuno.

"Domani a memoria" era il tassativo comando che le maestre di un tempo impartivano agli alunni dopo la lettura di una pagina letteraria o di una poesia, impegnandoli a mandarle a mente. Il giorno dopo interrogavano a raffica pescando a casaccio il nome del malcapitato sul registro, il malcapitato avrebbe dovuto con sicurezza ripetere righe o versi e, davanti alle incertezze o alle lacune nella recitazione, arrivava l'accigliata domanda: "Avevo o non avevo detto 'domani a memoria'? E oggi è domani!". Ai bambini spesso sfuggiva la capriola concettuale della signora maestra: come poteva essere oggi domani nelle parole di ieri? E, a prendere alla lettera il compito segnato sul diario, come poteva la memoria ricordare il futuro? Ma queste sacrosante sottigliezze infantili erano la scusa per non aver imparato *Davanti San Guido*, là dove Carducci, inoltrandosi nel rimpianto della classicità, scrive:

> Da quegli olmi le ninfe usciran fuori
> te ventilando co'l lor bianco velo;
> ti canteremo noi cipressi i cori
> che vanno eterni tra la terra e il cielo

e si perde nella nostalgia di un futuro che solo può essere evocato nella memoria del domani. Il domani che solo i territori del mito possono avere nella natura.

Se da bambini avessimo potuto capire a fondo il canto dei cipressetti carducciani, avremmo capito anche l'amore di Mnemosine per Zeus, ma questa, come altre storie di passione libera, forsennata, divina, la maestra non le spiegava e tanto meno le assegnava da mandare a mente.

Oggi gli studenti dispongono di risorse assai più loquaci, e meno pudiche, e sulle spudoratezze del Giove di turno possono interrogare l'oracolo dei nuovi media, e, talvolta, le intercettazioni, per fare provvista di abbondanti notizie e pettegolezzi.

La Rete può essere un supporto molto efficace ai fini della preparazione a un compito in classe, ma c'è da dire che l'affermazione "ho fatto una ricerca su Internet" è ammantata da un'aura strana da frase grimaldello, quasi da sortilegio. A scuola spesso la "ricerca su Internet" si erge autoritaria e un po' minacciosa tra studenti e professori: anche quando sono stati i docenti stessi a istigarla, essa si alza come un feticcio inappellabile e indiscutibile. E il mondo, dalla Rete, capitombola nel nostro tinello, tutto a portata di mouse.

Pure noi deipnosofisti più volte ci siamo rivolti all'oracolo della connessione collettiva, come nel caso delle immagini di Aurora cercate con scarsi risultati, ricordate? Ora ci sentiamo più fortunati e proviamo a raccogliere informazioni, ricostruzioni e indiscrezioni a proposito della passione tra Mnemosine e il padre degli dèi. Sempre meglio che studiare.

Mnemosine, figlia di Gea e Urano, era di famiglia numerosa: suoi fratelli e sorelle furono Rea, Temi, Febe, Dione, Teti e Teia, i Titani, Ceo, Crono, Oceano, Iperione, Crio e altri innumerevoli personaggi del mito. Forse per la fatica di ricordare tutti i nomi di famiglia, fu incaricata di personificare la Memoria, che aveva rafforzato con l'esercizio. Fu amata da Zeus che, per dichiararsi, le si presentò sotto forma di pastore, un travestimento francamente un po' scontato a fronte di quelli che abbiamo già ricordato e applaudito. Ma funzionò.

La memoria si irrobustisce consultando tutti i pettegoli della Rete, tra i quali vi è anche chi racconta delle nozze allestite per i due amanti divini. La festa stava per iniziare quando Zeus, preoccupato per la sua buona riuscita, chiese consiglio agli invitati e domandò se, a parer loro, ci fosse qualcosa che mancasse. In realtà mancava tutto: l'orchestrina, il centrotavola, la decorazione floreale, la cugina della sposa, i testimoni, perché non erano stati ancora inventati. Soprattutto mancavano i celebranti, dato che nessuno si poteva reputare più autorevole dello sposo. Zeus, per non far saltare lo sposalizio e il bengodi del banchetto, tagliò corto e senza ricorrere ai poteri soprannaturali, ma adottando un sistema molto naturale, optò per la "fuitina", mise tutti davanti al fatto compiuto e lo compì ben nove volte e fece l'amore per nove notti con Mnemosine. Ogni notte generò una figlia e, a tempo debito, nacquero le nove Muse che, appena dopo il primo vagito, pare molto intonato, ricevettero subito un regalo: la promessa che, da grandi, avrebbero avuto un incarico di prestigio: tutelare, cioè, le arti conosciute.

Le nove Muse e le nuove Muse

Questo contratto battesimale ha ingenerato la convinzione che il gruppo eclettico di fanciulle sarebbe stato il dicastero incaricato di formare il governo delle arti a venire. Ma nasce prima la danza a opera di esitanti piedi umani sui prati dell'Ellade e Tersicore la protegge o è la Musa stessa, intrecciando guizzanti carole* e sarabande nelle vallette del monte Elicona, a fondare l'arte sua? La questione è controversa. Una cosa è certa: Urania trova il firmamento spalancato sotto il suo sguardo divino che proteggerà l'arte dell'astronomia. Ma come la mettiamo con la poesia amorosa che si accompagna con la lira? Questa è arte umana, umanissima, ed Erato ha avuto l'incarico soave di occuparsene come è successo con Clio che, tra tutti i ministeri, ha avuto l'onore di vedersi assegnato quello della Storia.

Quando Clio fu generata dal vigoroso amplesso di Zeus, gli uomini di Storia ne avevano vissuta poca e pochissima ne avevano raccontata; ancora si nutrivano di bacche, dormivano nelle grotte e contendevano a fauni e satiri il mondo selvaggio. Opteremmo, quindi, per l'idea che le Muse abbiano contemplato vita, morte e miracoli delle arti che uomini e donne mortali hanno inventato e fatto vivere.

Le Muse da grandi diventeranno come dei ministri, visto che il loro incarico prevederà il compito di soprassedere, proteggere, compiacersi, raccomandare, inaugurare e tagliare nastri, ma dovranno anche suggerire, consigliare e, soprattutto, ispirare. Cantami, o Musa.

Babbo Zeus la sapeva lunga e immaginava che, prima o poi, pure i mortali si sarebbero messi a creare nell'unica maniera a loro consentita, che era l'arte: i suoi prediletti Greci la chiamarono anche *póiesis*, un termine che attiene al verbo *poiéo* che vuol dire "faccio", "costruisco", "compongo", "preparo" e che genera anche la parola "poesia".

Il Consiglio delle ministre era al completo e Zeus aveva sistemato tutte le figlie e tutte le arti. Il partito di opposizione era quello delle Pieridi, capeggiato dal suo segretario Pieros, un tanghero proveniente dalla Macedonia, una regione a nord dell'Olimpo. Arrivato nelle terre dell'Elicona con le sue mire secessioniste, Pieros si diede da fare a rivaleggiare con il governo, concepì nove fanciulle e, a sentire certi cronisti, le battezzò con gli stessi nomi delle figlie di Mnemosine. E già fu un affronto, ma la situazione diventò intollerabile quando le false Muse osarono sfidare le Muse in carica e scelsero la materia del canto corale.

Il terreno di gara fu uno stadio grandissimo per favorire l'affluenza del pubblico che accorse numeroso per assistere alla tenzone tra quei talenti. Le sfidanti interpretarono a cappella *La Montanara* per ricordare il paese di origine e le divine titolari risposero, non senza sussiego, con un coro difficile e sublime a cui, pare, si sia ispirato Beethoven molti anni dopo con il paroliere Schiller. Durante il coro alpino tutto si oscurò, nessuno ascoltò e qualcuno fischiò, ma quando le Muse in carica attaccarono con l'orchestra "*Freude, schöner Götterfunken, / Tochter aus Elysium / Wir betreten feuertrunken / Himmlische, dein Heiligtum!*".

Ed ecco che il cielo, le stelle, il mare e i fiumi si fermarono incantati e, dagli applausi, se ne cadde il teatro. Anche Zeus si alzò in piedi e, applaudendo, esclamò: "Questa musica è il destino che bussa alla porta!", ma il ciambellano che presentava lo spettacolo, uomo di buoni studi, per farsi notare avvertì con euforia dottorale: "Maestà, non lo potete dire! Deve essere detto di un'altra sinfonia tra molti secoli...". Giove allora chiese: "E, dunque, che cosa posso esclamare?". E il ciambellano suggerì, untuosamente: "Un inno alla gioia, o padre degli dèi, un inno alla gioia...". Un'ottima idea.

Vinsero, ovviamente, le Muse e le Pieridi furono punite per la presunzione della sfida temeraria e, visto che, cantando, avevano voluto volare troppo alto, furono trasformate, per contrappasso e per premio di consolazione, in uccelli e acquistarono le ali. Le ali le persero, invece, le Sirene che, dopo un altro *talent show* in cui pure loro si misurarono con le Muse, furono spennate. Ma questo è un altro mito.

Chiuso il palinsesto dei concorsi, quanto siano rimaste sfaccendate le Muse sino all'arrivo degli artisti non è dato con precisione di sapere. A mano a mano, comunque, che gli Orfeo, le danzatrici e i cantanti, i Tucidide, le Saffo, gli Alceo e Archiloco, i Callimaco, i Sofocle e gli Euripide, gli Aristofane e i Menandro cominciarono le tournée, le pubblicazioni, il ciclo di recite, i concerti, per le nove impresarie dell'Elicona gli impegni contrattuali diventarono sempre più assillanti.

L'invocazione alle Muse diventò procedurale e tutti, aedi, rapsodi, poeti a braccio, presero a principiare raccomandandosi alla loro protezione. Dobbiamo ammetterlo, hanno inventato anche la tecnica della raccomandazione che comporta favoritismi immancabili, occhi di riguardo, paroline dette al momento giusto, minacce alle committenze reticenti, ricerca di sponsor altolocati. Fare un torto al poeta girovago per chiunque sarebbe stato facile e maramaldesco, ma fare un torto a un protetto da Talia, l'impresaria della commedia, significava risponderne in alto loco. Per non parlare di quella sofisticata di Melpomene da cui tenori, soprani e baritoni ottenevano sempre buoni ingaggi, pur rassegnati a pagare congrue percentuali.

Non mancarono, naturalmente, gli scandali che le malelingue alimentarono con cattiveria e insinuazioni e questi arricchirono il repertorio che guitti da strada e istrioni si prodigarono a diffondere in cabaret abborracciati, ma anche in *pièces* grassocce e comicissime che fecero la fortuna di impresari mortali e danarosi. Ma non sempre i guitti e gli istrioni avevano torto e, ammiccando, ottennero pure loro un saltuario e complice favore dalle figlie di Mnemosine che, forse, si divertivano e ridevano a crepapelle con quel repertorio che sfuggiva alle loro competenze.

I guitti e gli istrioni, comunque, fecero una gran fortuna e ottimi incassi e altrettanto otterranno nei botteghini della modernità. Le Muse furono sfrattate e si rifugiarono col broncio in attesa di tempi migliori sui loro monti alti e altezzosi. Probabilmente l'Elicona, a nostra insaputa, ha assunto la funzione di proteggere l'editoria, il cinema, la radio, la televisione. Sarebbe interessante individuare le nuove specificità.

È Euterpe, la Musa che rallegra con la poesia lirica, a proteggere l'editoria? È Polimnia, la Musa del racconto, che si occupa del cinema? Forse no, perché qualcuno, tra i parroci dei cineclub e nei concorsi per cineamatori, parla del cinema come ulteriore e decima Musa: diamo per occupato questo piazzamento e si vedrà quale Musa potrebbe guadagnare la delega. È Calliope, la Musa della bella voce, ad aver cura della radio? Gli dèi solo sanno quanto la radio ne avrebbe bisogno.

Per la televisione occorrerebbero tutte e nove, ma potremmo chiedere a Zeus, che non si fa pregare in queste faccende, di generare una dea di multiforme ingegno con specifiche competenze, tanta pazienza e severità intransigente. Per il nome potrebbe essere bandito un adeguato concorso di idee. Monoscòpia, comunque, ci sembra una buona ipotesi per l'undicesima figlia della Memoria.

A leggere gli ultimi risultati della "ricerca su Internet", alle Muse sarebbe stata attribuita l'ulteriore delega di amministrare l'oblio delle sofferenze e dei dolori; in qualità di figlie di Mnemosine, dunque, le fanciulle amministravano la memoria nel complesso, compresa la sua negazione nella dimenticanza. Gli amici Greci parlavano di *lesmosýne*, parola oggi ignota che esprime il senso della fine delle ansie e delle angustie umane.

Facebook e il fiume Lete

Che bellezza essere salvati dai ricordi spiacevoli, dai crucci, esonerati dai rimorsi, affrancati dai rimpianti! Anche il mito fluviale del Lete racconta che bere la sua acqua donava la dimenticanza del passato e che, come dopo aver assunto una droga, confinava l'uomo nell'ebetudine dei Lotofagi. Ricordate? O avete già dimenticato?

Un sorso di quella fonte faceva scordare il passato, ma tutto il passato, il bene e il male. *Léthe* in italiano significa "oblio" e, forse ricorderete anche questo, abbiamo già incontrato la sua oscurità tra i pargoli indisponenti della riottosa Eris.

Il Dante che si affanna nel XXVIII del *Purgatorio* suggerisce a se stesso pellegrino il potere lustrale* del Leté, con l'accento, perché il Poeta aveva dubbi sulla pronuncia del nome greco. Il fiume liberava dai legami della memoria, dai labirinti dell'inconscio dove ognuno cela il suo Minotauro, quei dedali da cui solo si può uscire con il filo di Arianna della ragione sorretta dalla passione di vivere.

Guarda un po' il contrappasso com'è beffardo nel castigare: Teseo dimentica volutamente la sua salvatrice e amante Arianna, dopo tutto quello che ha fatto per lui a Creta, e "pianta" la principessa sull'isola di Nasso, ma l'ingrato ateniese dimentica anche la preghiera che suo padre gli aveva fatto di inalberare le vele bianche per annunciare sin dall'orizzonte il suo ritorno salvo e vittorioso in patria. Questa dimenticanza è involontaria, però, e le trascurate vele nere sono un messaggio funesto per il re Egeo che crede morto Teseo e pone fine ai suoi giorni buttandosi in mare, quel mare che i cittadini vogliono prenda il suo nome perché nessuno possa sentenziare la *damnatio memoriae* sui tristi casi di quell'uomo e di suo figlio.

Nella Roma antica la *damnatio memoriae* designava la condanna che consisteva nell'eliminare ogni traccia, ricordo, testimonianza di una persona particolarmente odiata e disprezzata. Del condannato era cancellata la vita vissuta, le opere e i giorni e venivano distrutte tutte le memorie, anche le più esili, che fossero utili ai contemporanei o destinate ai posteri: nulla che lo riguardasse doveva sopravvivergli. La pena, comminata soprattutto ai potenti, era una vera e propria morte civile, un esilio dall'identità collettiva nel limbo della smemoratezza impartita a chi si fosse reso nemico del Senato e del Popolo Romano, sia in età repubblicana sia nel principato.

Mette un leggero sgomento pensare che questa turba di esiliati che non sono riusciti a far arrivare al futuro le loro notizie possa aver compreso uomini e donne illustri, magnanimi e *res gestae* cospicue e utili a comprendere la storia di tutti. Restano solo ipotesi, sospetti e congetture dopo la letterale cancellazione della loro memoria storica e la demolizione accurata di ogni traccia.

Quegli antichi erano severi e implacabili, ma erano saggi, avevano le loro ragioni e agivano con metodo. I contemporanei, invece, quando dimenticano, lo fanno cancellando per pigrizia, per oblio inerziale, per sventatezza o, al contrario, si dimenano con gran fatica e consumano tempo ed energie per puro e ludico passatempo o inutile mania di ricordare quello che meriterebbe una liberatoria e generosa smemoratezza. Invece di sgombrare la soffitta della mente dal *bric-à-brac* dei rimasugli, recuperano residui dei souvenir senza sapore e senza senso. Basta, infatti, che si metta loro a disposizione un giochino e si prodigano per ritrovare persone di cui, a guardar bene, non frega loro un accidente solo per il sollazzo di farlo, di armeggiare nell'universo della globalizzazione informatica. Da qualche anno i moderni cittadini hanno preso a frequentare immani piazze elettroniche brulicanti di larve di ricordi evocate solo dallo svago di scorrazzare nella Rete. Frequentemente è stato registrato l'uso linguistico "sono su Facebook" per segnalare la partecipazione alla socialità virtuale di un'agorà tanto gigantesca da polverizzarsi e i cui avventori, spaesati, fingono disperatamente mozioni di affettività amicali, simulacri di colloqui e confidenze improvvise. Si tratta molto spesso di commenti in bacheca e conversazioni in chat tra sconosciuti o poco più, conoscenti lontani, reduci di asilo e scuole elementari senza ritrovare i quali da sempre si vive benissimo lo stesso.

La conta dei cosiddetti amici dà l'illusione di un ritorno a una gigantesca Itaca deforme e non importa se ci inviano un *poke* dei Proci invadenti e parassiti. Dovrebbe bastarci il guaito del cane Argo che ci ha sempre ricordato e ci riconosce per emanciparci dalla gioia drogata di chiacchierare con vecchi e nuovi sconosciuti incontrando i quali svanisce il piacere della dimenticanza d'una, talora, necessaria *damnatio memoriae.* Per una preziosa *retrouvailles* restaurata, si accumulano miriadi di scorie futili e ingombranti. Anche per la *recherche* ci vuole metodo e discernimento: perché sia tale deve bastare l'appassionata pazienza della mente, ma rovistare in Rete, talvolta, produce solo archivi senza poesia.

Mnemosine e gli hard disk

Chissà se le competenze di Mnemosine sono state aggiornate con la gestione della reminiscenza on line e con la sorveglianza sulla connessione tra ricordi. A noi piace pensare che così sia e immaginiamo che Zeus abbia assegnato alla dea la delega alla Memoria elettronica e all'Intelligenza collettiva. E ci piace pensare sia Mnemosine a ispirare i moderni Theuth e che sia stata proprio lei a suggerire l'invenzione di hard disk, pen drive, microSD e di tutti gli altri potenti marchingegni che i contemporanei usano per non dimenticare parole e opere, fatti ed eventi, volti e profili, messaggi e pettegolezzi, notizie, immagini e indirizzi, musiche, canti e suoni. Storie e Storia.

Anche se il dubbio che abbia calcato un po' troppo la mano resta, perché resta ferma la convinzione che, ogni tanto, un po' di smemoratezza faccia bene, noi non possiamo certo comportarci come Thamus, cari lettori deipnosofisti. Non intendiamo condannare la sovrabbondanza di informazioni in Rete solo perché il loro eccesso spesso si risolve in un subisso di ragguagli confusi e visi sfocati, ma, al contrario, auspichiamo che la dea sia sempre più generosa e che faccia dono all'umanità di altre efficienti tecnologie per estendere la nostra mente e di altre Muse, magari di multiforme ingegno, per illuminare le menti e orientare le rotte dei nostri viaggi.

Chissà se Mnemosine si imbroncia quando, seduti davanti al nostro computer, lo trattiamo come le antiche tavolette di cera e raschiamo per riscrivere decidendo di dimenticare immagini inutili, appunti invecchiati e indirizzi scaduti, gettando nel cestino parte della nostra memoria elettronica per mettere ordine tra i ricordi sulla scrivania. E chissà se la dea soffre tutte quelle volte che formattiamo un hard disk, scopriamo che un CD è graffiato e inservibile, buttiamo via una chiavetta USB fuori uso o fronteggiamo una delle innumerevoli lobotomie di *files* che periodicamente deve affrontare l'uomo del nostro tempo.

A proposito di lobotomia elettronica, qualcosa di simile e sgradevole è l'oggetto di un tragicomico aneddoto che circola su di un fotografo pugliese.

Si narra di un fotografo incaricato di ritrarre una cerimonia nuziale in terra di Bari. Anche questa festa, come altre nei nostri racconti, fu un successo e i due innamorati raggianti furono effigiati in moltissime fotografie e, con loro, tutti gli invitati durante la cerimonia e il banchetto. Non s'era badato a spese e l'artista fotografo si prodigò con perizia nella scelta delle inquadrature, con la disposizione delle luci, con l'istigazione continua al sorriso. Ma, evidentemente, Eris, la Discordia, anche in questa occasione non era stata invitata e accadde un imprevisto spiacevole.

Gli sposi erano stati immortalati sull'altare mentre si garantivano amore eterno, sulle scale della chiesa sotto la pioggia di riso, nel giardino della sala ricevimenti accanto a una palma, nell'atrio del ristorante sullo sfondo dei parenti commossi. Almeno così ha raccontato il fotografo quando, assai mortificato e in visibile imbarazzo, ha dovuto spiegare ai clienti di aver perso l'intero servizio a causa di un irreparabile guasto all'hard disk del suo computer. Fu subissato dagli ingegnosi improperi degli sposini e dalle esose rimostranze dei nuovi suoceri, corredate da epiteti elaborati e inappellabili che sarebbe poco elegante riferire al banchetto di queste pagine.

Ma è curioso ricordare come fu salvata la situazione: lo sfortunato fotografo si offrì di infiorare di nuovo la chiesa, di affittare per un'altra sera la sala ricevimenti, di far indossare ai parenti l'abito buono, di rifornirli di abbondante riso e di replicare il banchetto, così da simulare lo sposalizio e produrre delle immagini a futura memoria. Per contrappasso, dunque, fu condannato a replicare il momento irripetibile per definizione. Sposarsi due volte, capita, ma con la stessa persona è rarissimo.

Cari amici deipnosofisti, possiamo solo immaginare il cruccio delle Muse e della loro mamma per questo drammatico inconveniente, tuttavia anche le più potenti risorse di Theuth non sono ancora a prova di errore. Nel frattempo Mnemosine suggerisce di non trascurare mai, e ribadisce mai, il potere di un salvifico back up.

9
Il marketing di Cleopatra

Cheeeeeese. Lo smemorato fotografo pugliese implora gli sposi che sorridano all'obiettivo e che si scambino baci appassionati e promesse di amore eterno. Un'altra volta. Gli innamorati dovrebbero sorridere e baciarsi spontaneamente, a casaccio, senza aspettare la luce giusta e senza un copione, ma questa volta è fiction.

Pirandello riflette: la vita o la si vive o la si scrive. Si potrebbe variare con un altro paradosso, cioè che la vita o la si vive o la si rappresenta, ma lo smemorato fotografo pugliese fa un passo in più e manda la vita in replica, la rappresenta perché non è stata documentata. Cosa non si fa per salvare un matrimonio: la coppia replica una giornata sul set, quella delle nozze.

Come si direbbe nell'avanspettacolo: "Ci avete fatto caso?". Ci avete fatto caso che il giorno del matrimonio per gli sposi è una corvée faticosissima in cui si prodigano al servizio del fotografo? Il fotografo diventa il vero cerimoniere, spodesta sacerdoti e testimoni e pretende estenuanti prestazioni di pose per i suoi riscontri documentari che metteranno a verbale un racconto melenso da custodire nell'album di ricordi, da consultare col contorno di ingenti parmigiane di melanzane, grigliate di pesce e brindisi con qualsiasi pretesto. "L'invito è per stasera nella nostra nuova casa e non fate tardi." Gli sposi, dunque, non vivono il momento fatidico, lo documentano mentre gli invitati li ignorano e gozzovigliano. La vita o la si vive o la si fotografa.

Prima dell'invenzione delle immagini riproducibili tecnicamente, per mostrare un volto non v'era che il ritratto. La pittura aveva la funzione di immortalare una figura per affidare al tempo a venire l'identità di una persona, una famiglia, un gruppo sociale, così da farli uscire da un'implicita *damnatio memoriae*, dal fluire delle cose verso il nulla. Per vincere l'angoscia della caducità della vita ci si affidava all'arte referente di ricordi, all'arte depositaria e testimone di vissuto, all'arte che non invecchia mai. Ma l'impresa aveva i suoi costi ed era un lusso riservato a chi poteva permettersi di pagare il Mantegna che si spinge, invadente e magnifico, fin nella *Camera degli Sposi* a regalare per le nozze la soggettiva del talamo. Lo sposo o la sposa, dipendeva dalla varietà degli abbracci, nel castello di Mantova potevano godere dell'affresco sul soffitto e di quell'apertura illusionistica verso il cielo dove putti, damigelle e perfino un pavone paiono compiacersi delle veglie amorose dei Gonzaga.

Gli sposi Gonzaga erano ricchi e potevano spendere per farsi immortalare e dire nel momento culminante del finale travolgente: "Apriti, cielo!". Ed erano ricchi gli Estensi, i Farnese, i Medici, i Borgia, i Malatesta, gli Scaligeri, i Visconti e anche a loro si deve di essere stati innesco e fomite* del mecenatismo senza del quale buona parte dell'arte europea non sarebbe stata oggi nei musei a raccontare la vicenda umana nelle pose di quella classe dirigente che poteva commissionare gli album di famiglia.

Anche i poveracci, comunque, si affacciano e sono presenti nella pinacoteca, perché gli artisti sono stati interpreti della Storia e non soltanto delle storie. Bisogna saper leggere ed è affascinate perlustrare e decifrare la galleria dei dipinti, gli affreschi in cattedrale e le quadrerie per farsi raccontare la vita degli umili, di quelli che non si potevano permettere il fotografo allo sposalizio. Gli artisti li hanno scelti come modelli e loro stanno ancora lì, sullo sfondo o a fianco, a occupare un posto nella futura memoria con volti vivaci di popolani. Indizi di verità: quante serve, contadine e meretrici sono diventate sante, beate e martiri e quanti scudieri, paggi e cortigiani hanno il volto dei figuranti della Storia.

E se avessero avuto la fotocamera e tutto l'armamentario tecnologico? Non sarebbe cambiato molto, perché quello che conta è la mano, non importa che tenga un pennello o schiacci un pulsante.

I visitors *al Louvre*

Nei musei c'è una certa indulgenza per i visitatori che intendano memorizzare l'esperienza con uno scatto fotografico. Per quanto sia formalmente vietato, in migliaia ritraggono le opere e si fanno ritrarre accanto a queste, si mettono in posa a fianco della *Gioconda* o della *Nascita di Venere*, come se volessero documentare una gita scolastica con le compagne di classe Monna Lisa e Afrodite. A questi visitatori non basta rifornirsi del catalogo o delle cartoline al bookshop, i *visitors* devono testimoniare la loro presenza al cospetto di quei capolavori, anche a costo di passare più tempo a scegliere l'inquadratura sul display che ad ammirarli dal vivo. Forse si tratta di un tentativo di segnare il territorio del proprio ego periclitante e di appropriarsi di un lembo di arte e ispirazione. Come le comparse che accettavano di diventare figuranti nei grandi dipinti di un tempo, l'ossessione è la stessa: non sfigurarsi nell'oblio.

I *visitors* infastidiscono i visitatori disarmati di obiettivo soprattutto al Louvre, dove sgomitano per contemplare, *pardon*, fotografare lei, la diva che nello sconfinato immaginario collettivo è l'icona della pittura di tutti i tempi. Vogliono solo la foto ricordo della *Gioconda* e volgono le spalle a quell'altra donna che sta lì, meravigliosa, tacita e appartata: la *Belle ferronnière*. Eppure su di lei si potrebbe animare una bella conversazione al *café* del museo.

Fu costei l'amante di Francesco I re di Francia e questo è sicuro. Quello su cui si dibatte è l'origine del suo soprannome: fu Madame de Ferron, moglie di un avvocato parigino, o fu mercantessa di ferraglie come, per errore di catalogazione, venne degradata? Oppure né l'una né l'altra, ma una nobildonna milanese restia alle *avances* di sua maestà e, solo per caso o per razzia, pensionante al Louvre? E, poi, hai voglia a pettegolare.

"Ve lo dico io chi era: una delle dame alla corte di Ludovico il Moro, forse la sua amante Lucrezia Crivelli."

"Che dice, *monsieur*! Ancora riecheggia a palazzo il vocio che la vorrebbe essere Cecilia Gallerani."

"Ma no, era Isabella d'Este o, al massimo, sua sorella Beatrice, la moglie del Moro."

"Era Elisabetta Gonzaga e non se ne parli più."

La verità è forse più semplice e al *café* del Louvre se ne beano: "*ferronnière*" è il nome del gioiello, una catenella *avec pendentif* che adorna la fronte della bella signora. Ma è bello tutto il pigolio, molto più bello del cicaleccio degli obiettivi che scattano sui luoghi comuni.

Le donne che si lasciavano ritrarre forse pensavano che sarebbero state solo figure ispiratrici delle consolazioni degli amanti committenti. Insomma, un monarca non è mica un camionista che deve ritagliare dai calendari le sue compagne di viaggio da casello a casello. Un re nei suoi padiglioni notturni si prende il lusso di contemplare, alla luce tremante dei doppieri*, gli sguardi svagati e sensuali della fidanzata in carica dipinti olio su tavoletta o su tela, anche formato da viaggio. Ma questo al *visitor* fotografo e rapace interessa poco e il suo bisogno di icone facili si accontenta della scrematura, dei sapori superficiali più a portata di palato. E non sa che cosa si perde.

La *Gioconda* è il ritratto di Lisa Gherardini, moglie di Francesco del Giocondo, mercante e committente. Quindi "gioconda" non era per via del carattere ilare e, pur malinconicamente, incline al pigliarla a ridere, anzi conduceva la vita, l'effimera e scomoda vita, di una dama fiorentina del primo Cinquecento.

Il ritratto, quel piccolo ritratto commissionato per fini

privati, ha conquistato valore universale e regna nell'immaginario globalizzato come l'icona della pittura di sempre. Messer del Giocondo ha speso bene i suoi soldi anche se il quadro non l'ha mai avuto.

Prima di Monna Lisa nei ritratti mancava il mistero, perché gli artisti avevano raffigurato spesso solo forme esteriori senza l'anima o l'anima cercava di giungere allo spettatore per mezzo di gesti, oggetti simbolici, scritte. Nella *Gioconda*, invece, vive l'enigma dell'anima presente ma inaccessibile. E del sorriso nudo.

Non sappiamo se il *visitor* del Louvre che, disertando gli altri capolavori limitrofi, si assiepa lampeggiante di flash davanti all'icona condivida il pensiero del critico, ma il sospetto viene che sia più attratto dal *déjà vu*, da Monna Lisa che galleggia dovunque dal 1514. La folla sprovveduta vive l'evento del contatto con la diva nell'illusione d'essere lambita, contagiata da fama e popolarità.

Totti e il Discobolo

È da considerare la differenza tra le icone generate dalla fatica dell'arte e le icone prodotte dal cammino del costume. Il *Discobolo* di Mirone, per esempio, è stato un francobollo, anche abbastanza ricercato dai filatelici, ed è stato raffigurato innumerevoli volte, ma resta una scultura dell'età greca classica. Quel marmo si incurvò armoniosamente nel V secolo a.C. e da allora, immobile, sfida il colpo della strega per rappresentare lo sforzo massimo, necessario ma equilibrato, per superare un ostacolo o una prova.

L'artista raffigurò l'atleta nel momento di massima tensione muscolare e mentale, imprimendo con lo stile un visibile dinamismo a una struttura statica, fatta di materia inerte. Oggi il *Discobolo* che fu ammirato dal pubblico della novantesima Olimpiade è imitato da un epigono che, senza disco in mano, curvo e dolente mostra i lombi lampeggianti e arrossati dall'infiammazione nella pubblicità di una pomata.

Al *Discobolo* sono stati attribuiti altri significati aggiunti progressivamente dall'evoluzione culturale e tutto uno statuto di valori simbolici lo ha trasformato in icona dell'atletica, della competizione sportiva. Altro, ormai, comunica rispetto alla semplice rappresentazione di un anonimo, gagliardo atleta alle prese con una gara in qualche *gymnasium* del passato.

Il *Discobolo* si è installato nella réclame olimpica e lo ritroviamo, talvolta con ridondanze retoriche, dovunque si debba simboleggiare un esempio altolocato dello sport. Curioso che questo accada all'immagine di un tale che pratica una specialità atletica, il lancio del disco, prediletta da minoranze sparute, anche se animose e meritevoli.

Ma pure le icone si passano il testimone e Totti, attaccante e trequartista della Roma, fa la pubblicità di una compagnia telefonica. Il *Discobolo* questa volta non è stato scritturato, forse perché il target commerciale dei tifosi più difficilmente si lascerebbe raggiungere dalla scultura greca e dalla sua eleganza antica. Eppure è strano, visto che l'araldica di football club e società sportive è magniloquente e marmorea più dell'arte classica. Naturalmente nella versione a dispense.

A ben vedere, da qualche tempo i casati nobiliari, decadenti e decaduti, hanno dovuto mettere in cassa integrazione i simboli zoomorfi e, a parte quelli arruolati nelle etichette di vini e spumanti, molti profughi sono stati accolti dal mondo del calcio. E così gli stadi italiani rumoreggiano minacciosi di lupe, aquile, zebre, tori, grifoni e bisce che scolpiscono come icone solenni un'araldica pletorica e bellicosa. I lazzi e lo scherno da bottiglieria non scalfiscono la retorica di una monumentale classicità rifugiata nei territori della tifoseria. Meno male che l'onesto ciuco napoletano e il ruspante gallo barese ci riportano al pacifico cortile popolare dove non si lamenterebbero di condividere la maglia con l'atleta ateniese. Forse potrebbe esserci solo qualche dubbio sul nome "discobolo" e qualche amico, tra i deipnosofisti che stanno leggendo, potrebbe ricordare il titolo di una rubrica della cara vecchia radio che, finalmente, per la prima volta nell'Italia degli anni Cinquanta, lanciava i dischi delle hit parade americane. Una canzone al giorno e mezz'ora di rock'n'roll la domenica, sigla di Floyd Cramer: *Flip, Flop and Bop*. È passato più di mezzo secolo.

Sono passati duemilacinquecento anni dall'attimo che scolpì lo slancio di quella molla umana che, ad Atene, avrebbe gettato il disco verso il suo record e l'anima oltre l'ostacolo del tempo. Il disco in vinile di Floyd Cramer e quello di marmo del *Discobolo* sono ancora presenti, il primo nella passione *vintage* di qualche fortunato possessore di juke-box e l'altro nei musei e sui banchi di scuola. Due icone.

Andiamo al cinema

La velocità nella diffusione delle informazioni e delle immagini del nostro tempo ha accelerato le procedure di iconizzazione, cambiando le dinamiche della promozione alla fama e alla divinizzazione. Divinizzazione non sugli altari del sacro, s'intende, ma sugli altari mondani di quella popolarità che si conquista oggi in un tempo infinitamente più breve di quanto non succedesse in passato.

Il transito delle conoscenze ha sempre viaggiato con la comunicazione, quelle si sono sempre diffuse alla velocità di questa e il loro tracciato ha avuto bisogno di tempi lunghi fino all'epoca dei grandi media del Novecento. Cominciamo andando al cinema.

Ancora nell'epoca d'oro di Hollywood occorreva un tempo lungo affinché il messaggio dilagasse in tutto il mondo sino a risultare immediatamente riconoscibile. Ci sono voluti anni a *Via col vento* per entrare nell'immaginario collettivo con l'ostinato amore di Rossella, i languori e i patemi di Melania, i gutturalismi di Mami, o, meglio, del doppiaggio italiano di Hattie McDaniel. "Francamente me ne infischio" dice il frettoloso spettatore di oggi senza neanche sospettare di imitare Rhett Butler, perché il radicamento del film è un memorabile fatto culturale. Bruciata Atlanta, i luoghi comuni del cinema non si contano più e invadono il pianeta.

Gli ultracorpi sono ormai preannunciati dal repertorio di racconti, dal merchandising e dalla promozione delle major. Lo spettatore è informato prima ancora di vedere lo spettacolo e di fruire il messaggio. Ho visto cose che voi umani neanche potreste immaginare: bambini che vanno a vedere *Avatar* già vestiti da tribali azzurrognoli, replicanti di quelle platee di spettatori che, pur non avendo ancora visto il film, imploravano "telefono casa" al momento giusto, doppiando in coro la vocina di E.T.

"Sono andato a letto presto" risponde Noodles a Fat Moe in *C'era una volta in America*, un intenzionale calco del celebre incipit della *Recherche* di Proust. Ci si potrebbe divertire a montare dialoghi a più voci tra i personaggi dell'iconostasi dal cinema.

"Lei è un cretino, si informi" intima Totò a Forrest Gump che, in risposta, motteggia: "Stupido è chi lo stupido fa". Alberto Sordi ci avvisa: "Io so' americano de Kansas City", ma arriva l'ineffabile risposta di Osgood Fielding III: "Nessuno è perfetto". "Al mio segnale scatenate l'inferno" tuona Massimo Decimo Meridio e ancora il saggio Totò replica: "Chissà questo cretino dove vuole arrivare".

Non sono, dunque, solo le immagini, ancorché in movimento, a essere esposte nella iconostasi della memoria, ma anche suoni, battute, musiche e, soprattutto, parole. Ricordiamolo: l'iconostasi è il tramezzo della chiesa ortodossa che divide gli officianti dai fedeli nascondendo il *sancta sanctorum* agli occhi di questi ultimi per consentire la celebrazione appartata e segreta dell'ufficio religioso. Ai fedeli al di là del tramezzo arrivano solo gli effetti salvifici o il balsamo della preghiera, il racconto. L'iconostasi è decorata e ornata con le immagini dei santi epitomi* o con edificanti storie sacre che hanno la funzione di occupare la fantasia dei fedeli.

Prima della televisione, l'iconostasi dei media è stato il cinematografo in forme, modelli e versioni diversi che hanno compreso foto di star e dive, ma pure di oscuri comprimari e *starlette* secondarie che allestivano una specie di album di figurine ricordo. Quanta vita di provincia tediosa è stata consolata da questi santini pagani da collezionare alla rinfusa, oltre che dalla stagione cinematografica che spalancava i limiti della marginalità di paese e cominciava a globalizzare cognizioni, esperienze estetiche e oscillazioni del gusto.

L'affannata rincorsa delle mode imposte dal cinema ha avuto e, sostanzialmente, ha ancora una petulanza divertente e insistita che ha prodotto un'onomastica modernista, con bambini Geronimo e bambine Audrey o Greta, ristoranti Tiffany e un indimenticabile bagno lido Cleopatra in stile egizio, con comodo di trattoria. Onore al merito: se alla donna che fu l'ultima regina del regno tolemaico d'Egitto hanno potuto intitolare perfino uno stabilimento balneare del XX secolo è segno che Cleopatra ha saputo gestire al meglio la *brand awareness*, la "riconoscibilità del marchio".

Ethel Barrymore, diva ma non solo, brava interprete e premio Oscar, affermava che un'attrice, per avere successo, dovrebbe avere il viso di Venere, il cervello di Minerva, la grazia di Tersicore e la figura di Giunone. Aggiungeva anche la pelle di un rinoceronte e la memoria di uno storico, tutte caratteristiche che si tramandano nel mito dell'ultima discendente della dinastia tolemaica. Una campionessa di presenzialismo mediatico, un record di popolarità prima, durante e dopo la sua vita.

Antonio e Cleopatra tre metri sopra il cielo

Il babbo Tolomeo XII scelse per la bella figlia il nome Cleopatra che in greco antico significa "gloria del padre" e che, ai tempi moderni, può designare l'asteroide 216, un profumo, una slot-machine, un programma di monitoraggio dell'inquinamento marino, un gioco da tavolo e molti fast food. Anche una marca di sigarette con cui intossica i suoi posteri, lei che di veleni si intendeva dopo aver diligentemente avvelenato molti prigionieri e schiavi per testare i suoi intrugli.

Travolgente e discussa diva, vera e inconfondibile icona, Cleopatra arruola ancora moltissimi detrattori e altrettanti difensori. Sembra abbia scritto di sua sensuale mano soggetto, sceneggiatura e dialoghi della sua esistenza in questo mondo, di come viverla e rappresentarla. Al suo mito si sono ispirate opere letterarie, artistiche, musicali, cinematografiche: solo dal 1540 al 1905 le sono stati dedicati 5 balletti, 45 opere liriche e 77 drammi teatrali. Ma diciamo la verità, con tutta la sua pompa magna, quel mascara, quell'oro e quei luccichii, la signora era abbastanza kitsch. È rivendicabile il suo diritto di passare alla posterità e, dunque, i posteri possono anche spingersi a considerarla un po' cafona, epiteto dovuto non solo alla caparbietà degli storici impegnati nel far fiorire deprecazioni per la condotta non troppo sobria della regina, ma anche alla sua incessante e premeditata attività di biografa di se stessa *ante litteram* e *ante aetatem*. La sua vita se l'è proprio pensata, scritta, cantata e suonata con un mantello di cinismo, senza scrupoli e senza veli.

Cleopatra si applicò a modellare il personaggio con il piacere della creatività per gigioneggiare sul palcoscenico della Storia con la versatilità di un'attrice consumata, consumata dagli stravizi di una famiglia di degeneri corrotti. Il debutto in società che le viene accreditato più frequentemente da critica e pubblico è la presentazione a Giulio Cesare, un atto unico di rara potenza scenica con comprimari popolo, schiavi e soldati.

All'aprirsi del sipario Cesare in trono domina la scena. Ha appena occupato l'Egitto e di lì a poco alcuni distratti imbecilli della sua guardia personale, per sciatteria colpevole, lasceranno andare a fuoco una parte della magnifica biblioteca di Alessandria. Entra un piccolo corteo di mercanti e, tra questi, un venditore di tappeti. Curioso che questo mestiere sia la similitudine preferita per indicare un politico cialtrone. L'onorevole, in questo caso e in questa scena, reca sulle spalle un tappeto arrotolato che intende regalare al dittatore il quale sembra, sulle prime, renitente alle confidenze eccessive, ma poi si lascia convincere e lo autorizza a esitare la mercanzia. Srotolato il tappeto, compare una giovane bellissima, vestita da odalisca e tutta ingioiellata. Amore a prima vista e, a prima vista, si comincia a mettere a fuoco la sua icona sullo schermo della tradizione orale, a partire dai confusi e nebulosi colori si marcano i tratti definiti di una personalità accesa e intrigante.

Pare che il *plot* sia tutto falso e che, in verità, Cleopatra si sia presentata raccolta in un sacco di iuta, come la povera Gilda nel *Rigoletto*. La bella figlia dell'amore intendeva colpire la fantasia di Giulio Cesare con la sorpresa per renderlo schiavo dei vezzi suoi. I vezzi suoi erano, più che forme procaci e tentatrici, l'intelligenza, la cultura, la determinazione e quell'irresistibile carisma che le donava l'unione tra fascino sessuale e charme intellettuale. Parlava nove lingue e aveva un naso difettoso e inimitabile, ma è questo uno dei più consunti pettegolezzi planetari perché di lei non abbiamo attendibili documenti segnaletici. Solo furoreggiano congetture e immagini che di lei riferirebbero: del suo corpo, dei suoi occhi, dei suoi paramenti e del suo proverbiale naso. C'è chi ha scritto che Nefertiti fu un volto senza regina e che Cleopatra fu una regina senza volto. Sarà per questo che l'entrata e l'uscita di scena sono suggestionate dalle ipotesi e dalla fantasia.

I più realisti dei commentatori parlano di una acqua cheta che si sarebbe presentata con discrezione: nastro tra i capelli, solo un'ombra di belletto, occhi bassi e, con voce vellutata, avrebbe detto: "Serva vostra" come nella *Locandiera*. Questa di teatro ne capiva e Shakespeare lo intuì; per conferma, basta leggere l'incipit del suo *Antonio e Cleopatra*:

> *Entrano Antonio col suo seguito e Cleopatra col codazzo di dame e di eunuchi che le fanno vento.*
>
> FILONE Eccoli qua. Guardali bene e vedrai il terzo pilastro del mondo tramutato in trastullo di una puttana. Guarda e ascolta.
>
> CLEOPATRA Se è vero amore, dimmi quanto.

ANTONIO Amore pitocco, se può essere conteggiato.
CLEOPATRA Voglio sapere fino a qual punto io sono amata.
ANTONIO Dovrai scoprire allora nuovi cieli, una nuova Terra. (*Entra un servo.*)

Antonio e Cleopatra sono due adolescenti che attaccano il lucchetto al pilastro del mito. Ma lo sanno che le loro parole riecheggeranno in diversi modi e diversi luoghi?

LEI Amo', quanto me ami?
LUI Assai amo', con l'amore nun se possono fa' i conti.
LEI Amo', che me ami ce lo so, ma me devi di' quanto me ami.
LUI Amo', te lo dico: io e te tre metri sopra al cielo.
(*Rumore di motorino che si allontana.*)

Il marketing di Cleopatra

Se Nefertiti fu vittima delle circostanze, le circostanze furono vittime di Cleopatra e possiamo pensare che abbia artisticamente architettato tutto, i suoi assassinii, i suoi figli, la sua predazione del potere. E la sua morte, l'ultima messinscena.

Personaggi: una regina, due ancelle, un dignitario romano. Costumi: abiti sontuosi, gioielli e trucco meticoloso. Scenografia: sala del trono, letto catafalco e luci soffuse. Attrezzeria: due bracieri con incensi, fiori, un cesto di fichi maturi, un aspide. Luci a cavallo. Pronti, silenzio, ciak in campo, motore. Cleopatra, ultima scena, prima. Azione.

La regina fa per prendere un fico e indugia con la mano nel cesto, ha un soprassalto per lasciare immaginare che l'aspide abbia morso. Ritrae la mano ferita, sospira e si lascia cadere sulla seta dei paramenti. Il serpente morde anche le ancelle e, esaurito il veleno, esce di campo.

Agrippa, dignitario romano, si precipita e, fermo sulla soglia, interdetto chiede: "Ti sembra sia stata una degna fine?". L'ancella, rantolando, risponde: "Più che degna, degna dell'ultima regina d'una grande stirpe". Musica, luci in sala.

Tutto questo è un falso, è un film. Sembra che Cleopatra abbia anticipato di secoli l'affermarsi del teatro moderno, del balletto, dell'opera lirica e l'invenzione del cinema. Ogni agenzia di comunicazione potrebbe ispirarsi ai suoi comportamenti: analisi SWOT, fantasia, *customer satisfaction*, disinvoltura, strategia, cinismo, budget, spirito di iniziativa. In ultimo, *contingency plans*, cioè "piani di emergenza" per affrontare gli imprevisti. La McKleopatra ha come modelli a cui uniformare l'esistenza la forza, la gioventù, la bellezza, il potere.

Non dimentichiamo il finale, quello vero. L'uscita di scena scritta per noi sostituisce la verità: gli storici moderni e gli archeologi hanno pensato che, in realtà, l'ultima regina d'Egitto non sia stata così stupida da ricorrere al veleno del serpente, lento e doloroso, per morire. Pare che si sia fatta prescrivere una misericordiosa mistura dall'anestesista di corte, un veleno immediato e indolore. Cicuta e oppio, secondo gli esperti. Allestì il suicidio in modo tale da non far sapere la verità a nessuno, come, del resto, aveva programmato per il mito della sua vita.

L'ultima scena rende Cleopatra più di ogni altra un'icona incancellabile. Il suo genio mediatico è riuscito a trasformare tutti quelli che di lei si sono occupati, a diverso titolo, in suoi addetti stampa, Shakespeare in testa e noi, suoi spettatori, in coda al botteghino. Al botteghino del teatro e non con il telecomando in mano, benché sarebbe un segno di ironia della Storia poter comandare la regina d'Egitto, anche solo in uno schermo televisivo. Certe icone, nella loro complessità, si tramandano più difficilmente tra i frequentatori esclusivi della tivù, perché l'immaginario che le ha dipinte e che dipingono è profondo, realmente multimediale. Nondimeno sono riconosciute e additate, per quanto in maniera inconsulta: è un "per sentito dire" globale tra una pubblicità e l'altra.

Capita che Cleopatra sia ospitata in televisione con un suo ennesimo film o per una benemerita ricostruzione storica in cui ancora una volta si parla del suo naso e dei due suoi fratelli mariti, ma tutto questo rafforza il mito della sua icona senza darci il pretesto e i mezzi per conoscerla davvero.

La riconoscibilità globale di un messaggio è una condizione indispensabile affinché si possa parlare di icona e, contrariamente alle epoche passate, nell'era dei mass media questa si acquisisce in tempi rapidissimi. L'icona di Cleopatra, per esempio, ha consolidato nei secoli la sua identità e la sua personalità, è sopravvissuta alla regina e ancora ci accompagna la sua forza espressiva ricca di rinvii simbolici e di forti cariche emozionali e culturali. Le icone improvvisate del tempo nostro, invece, sembrano condannate a essere effimere, caduche, transitorie.

Piramidi e tronisti

Le piramidi egizie si sono installate nell'immaginario collettivo nel tempo di millenni, sono state descritte tra le meraviglie del mondo, numerate negli album delle figurine, hanno tormentato il pensiero degli antichi saggi. Esistevano quando è nato Cristo. Giulio Cesare stesso, pochi anni prima, ne era rimasto stupito e, più tardi, Napoleone Bonaparte, invece di distribuire il rancio ai suoi fantaccini, li porterà in gita turistica in Egitto per far loro constatare l'allusiva e simbolica potenza di quei mucchi di sassi. Ancora oggi godono di una riconoscibilità universale, il turismo di massa le ha consacrate come meta di trafelati pellegrinaggi che coinvolgono pochissimi competenti di egittologia e turbe di viaggiatori frettolosi, ma tutti più o meno emozionati.

Succederà la stessa cosa per il volto di un tronista? La domanda può sembrare un paradosso ironico, ma, avendo brindato al genio di Cleopatra, leviamo ora i calici alla fortuna dei tronisti.

All'alba del XXI secolo si affermò nella televisione un genere di programmi che celebravano fortuite e fuggitive popolarità. Dicevasi "tronista" un individuo qualsiasi che, per il solo fatto di essere seduto su di un trono, pensava di diventare qualcuno. Controindicazione tassativa al ruolo: saper fare qualcosa.

Qualsiasi passante è capace di riconoscere le piramidi e di riconoscere un tronista, ma questo non basta a considerarli sullo stesso piano culturale, evidentemente. Nel caso delle piramidi constatiamo che, oltre a essere molto più espressive di un tronista e avere pure un'aria più vispa e intelligente, sono le testimonianze di una vicenda antichissima su cui si sono stratificate le memorie di migliaia di anni di convivenza umana. La fatica che hanno fatto per conquistare fama universale, pari solo alla fatica di chi le ha tirate su, le ha ripagate con l'immortalità.

Nel secondo caso, il caso del tronista, scampolo di divo del nostro millennio, l'eccessiva rapidità con cui è entrato nell'iconostasi della televisione lo renderà un simulacro caduco, una luce assai effimera nel panorama dei media. Resterà, insomma, una figurina dell'album. Entrambi, però, piramidi e tronista, possono servire a vendere aperitivi o formaggini e di ciò il mercato è ben consapevole.

La lentezza dei primi mass media, tra i messaggi destinati a raggiungere popolarità unanime, operava una selezione naturale che faceva deperire rapidamente le figure deboli, poco significative, incapaci di interpretare la cultura del tempo loro. Al contrario, si salvavano le figure di forte personalità e carattere e, perciò, destinate a una vita lunga e prospera.

Le icone prodotte solo dalla televisione hanno vita breve, sono effimere perché la comunicazione di massa ha fame di spazio e deve procedere costantemente alla sostituzione e all'ammodernamento dei modelli. Valore deperibile l'icona, se non si è Cleopatra, che diventa merce deperibile quando si è soltanto figurine di recentissima tiratura nell'iconostasi televisiva.

Un tronista detronizza l'altro, un concorrente del reality sfratta l'altro, un opinionista calunnia l'altro: meglio non affezionarsi. L'unica icona stabile e, per ora, insostituibile proposta dalla televisione è la televisione stessa.

La vera icona globale è la televisione perché si vede, perché si guarda, si ascolta. È oggetto di una venerazione collettiva, è attendibile e, per taluni, farebbe addirittura i miracoli. Se la liberiamo dalle superstizioni di questa religiosità pagana, la televisione potrà continuare ad aiutarci. E se cacciamo i tronisti.

Propongo un brindisi alla salute della televisione. Mettiamoci tutti in posa per una foto ricordo, però, altrimenti sarebbe come se non ci fossimo incontrati. *Cheeeeeese.*

In fin dei canti

Cari e dotti compagni di banchetto e di lettura, stiamo per salutarci e, per dirla con Tonino Guerra, spesso è nel momento dei saluti che cominciano gli incontri. Leviamo, dunque, il calice alla televisione. Salve a te, o nuova Musa che meriti un brindisi e un bel nome: proveremo a inventarne uno che sfidi il tempo per le sue radici antiche. Accomodatevi e ascoltate.

C'era una volta, il mito racconta, il Cielo superiore, dove respiravano gli dèi e sospiravano le dee, dove la luce era più chiara e l'aria più pura dell'atmosfera di quel Cielo inferiore che, vicino alla Terra, faceva da tetto all'affanno dei mortali. Il Cielo superiore si chiamava Etere ed era fratello di Emera, la Luce del giorno, figli di Erebo e Nyx, l'Oscurità e la Notte.

Luci e ombre, da sempre, viaggiano incessantemente e, nei loro vagabondaggi, aiutarono Etere a generare una nidiata di figli, tra cui il Cielo, la Terra, il Mare e anche la Gioia, il Dolore, la Menzogna, la Gelosia, l'Ansia, la Paura, la Felicità. Un lungo, interminabile poema capace di disegnare innumerevoli paesaggi e personaggi: Temi, Tartaro, Gige, Briareo e Atlante, Iperione, Saturno, le Furie, giusto per mettere in locandina alcuni protagonisti di questo *son et lumière* cosmico.

Certi autori e poeti hanno scritto di Etere fantasticando che nella sua aria tersa viaggino rapidissimi gli ordini del Fato che, ancora muto di parole, generò Urano, Giove, il Sole. Nel suo copione Cicerone annota, tra i personaggi e gli interpreti, che Etere è il nonno del Sole. Altri sceneggiatori hanno scritto e raccontato con le sue luci, con le sue tenebre, con le sue penombre e gli hanno affidato suoni, musiche e parole.

Etere ha facoltà di battezzare la nuova Musa, a lui l'onore. Il nome della diva televisione potrebbe essere Eterea, perché il suo agire si muove nell'etere, nello spazio che accoglie, trasmette, propaga e manda in onda. Nel libretto delle istruzioni sta scritto che le onde elettromagnetiche vanno pigolando nelle atmosfere del Cielo inferiore, per gli occhi e le orecchie degli uomini: è la progenie di Etere, le sue figlie a cui Hertz diede il nome. Ma questo Cicerone lo poteva solo sognare.

Eterea oggi è in là con gli anni, ha messo su casa e famiglia, i suoi figli e i figli dei figli la circondano con monitor capricciosi, auricolari petulanti, smartphone smaniosi e invadenti. Benché assillata, da ultimo si sente un po' trascurata e le capita di ritornare con la memoria agli anni in cui, da giovanissima Musa, cominciava a cantare per gli italiani che, sempre più numerosi, la invocavano e la pagavano a rate. Sul registro è scritto: "1950-1960 dell'era cristiana". Allora la televisione si chiamava solo televisione e televisione si chiamava pure il televisore. Ancora oggi non è infrequente ordinare di spegnere o accendere "la televisione", confondendo il sistema di telecomunicazione con l'apparecchio domestico, il messaggio con il mezzo.

La televisione senza altro nome aveva difficoltà in società e, nelle relazioni private e pubbliche, nelle presentazioni, nelle conversazioni, si incorreva in equivoci: si può "guardare la televisione"? Meglio, guardare i programmi. E si può "spostare la televisione" dal tinello alla camera da letto?

Si racconta di un colloquio telefonico tra una funzionaria della RAI, Radiotelevisione Italiana ed Eduardo De Filippo, grande uomo di teatro che, all'epoca, con la nuova Musa intratteneva rapporti sobri e di vigile diffidenza.

Siamo ai tempi degli esordi della tivù. Squilla il telefono: la funzionaria chiama casa De Filippo, evidentemente per ragioni di lavoro. Il dialogo si sarebbe svolto pressappoco così.

Eduardo: "Pronto?".

Funzionaria: "Pronto, casa De Filippo?".

Eduardo: "Sì, casa De Filippo".

Funzionaria: "Buongiorno, qui è la televisione".

Eduardo: "Buongiorno, come dite? Chi siete?".

Funzionaria: "La televisione, maestro!".

Eduardo: "Le passo subito il frigorifero".

Eduardo, maestro di paradossi, si accontentò della battuta e l'aneddoto non dà conto della conversazione che seguì tra il *frigidaire*, come dicevano allora i commessi dei negozi, e la "televisione".

Lei: "Non ho programmi per oggi...".

Lui: "Neanche in prima serata? Sai che noia!".

Da una parte battute vaghe pronunciate a volume alto per farsi notare e lasciarsi guardare, dall'altra solo freddure e risposte glaciali.

Il frigorifero a tutta prima non capisce un tubo catodico e, allora, lei finge che, dentro, l'entusiasmo si stia spegnendo lentamente. Ma, ecco, il *frigidaire* si apre, si illumina e, piano piano, prova una forte tensione. La televisione sente le valvole del suo cuore pulsare: è la prima *volt* che le capita.

I due elettrodomestici si accendono di una certa curiosità, poi sboccia l'idillio e la prima serata si presenta finalmente eccitante. La televisione rigira i pollici imbarazzata e non trova le parole per rispondere al gradimento del frigorifero che, dopo le prime gelide reazioni, si scioglie come un ghiacciolo al sole. Il contrasto si attenua, entrano in sintonia: l'amore è nato, anzi è sbrinato, e i due sono caduti nella sua rete.

"Meno male che non c'è stato un colpo di fulmine, Tele. Ah, posso chiamarti Tele?", dice lui, e lei sospira: "E io posso chiamarti Frigo? Speriamo che non vada via la corrente, sono tutta presa...".

Abbiamo trasmesso *Due cuori e una ciabatta**. L'abbonato sbadiglia, spegne il televisore, apre il frigorifero per prendere una bottiglia d'acqua e commenta: "In televisione non c'è mai niente da vedere. Buonanotte".

Chiuso il telefono e tacitati gli elettrodomestici, Eduardo deve aver, dunque, deciso di lavorare con la nuova Musa importuna ma preziosa e a lei ha affidato il compito ragguardevole di accudire e tramandare la sua opera, il suo magistero di attore. Ieri, oggi e domani, il maestro continua a recitare le sue bellissime storie.

Quante storie, non solo d'amore, la tivù racconta e ha raccontato e quanti ci conoscono soltanto per averci visto sullo schermo. Parlo di noi, di noi italiani, del nostro Paese e, a proposito, vi racconto un'altra storia, una storia vera questa volta.

Si narra la piccola vicenda di un profugo approdato a Bari nei pressi della Fiera del Levante nei primi anni Novanta, durante uno dei numerosi viaggi di clandestini che riuscivano abbastanza facilmente a sbarcare e a correre incontro alle forze dell'ordine non disposte a guerreggiare per difendere i confini, anzi inclini, giustamente, ad accogliere quei forestieri.

Pare che il profugo ai soccorritori non abbia chiesto pane e acqua per sopravvivere, un letto o coperte per ripararsi, bensì Raffaella Carrà. Voleva incontrare lei, il suo corpo mistico che compendiava la svolta affannosamente cercata con quel traversare l'Adriatico. Raffa per l'albanese in fuga dalla miseria riassumeva la petulante Europa trapuntata di lustrini e *paillettes*, arredata di lussi e comodità, dispensatrice di libertà per lui madornali e a buon mercato e di edonismo spicciolo a portata di mano. Erano questi i messaggi inviati oltremare dall'inconsapevole Circe Carrà danzante nel gran bazar di quel Vecchio Continente che mai avrebbe potuto ripudiare i questuanti del comunismo schipetaro* e cacciarli via, dopo averli adescati con il suo sfarfallio incantatore.

Ai Lotofagi che incontra il naufrago volontario chiede la strada dell'oblio dai dispiaceri e la liberazione dalla fatica di vivere impersonate dalla madonna catodica in vena di miracoli terreni, molto terreni. E di quei Lotofagi non capisce l'incredulità, sedotto e abbandonato sulle rive di una Puglia immaginata come la scanzonata propaggine italiana ed europea di un'infinita trasmissione televisiva, anzi di una ininterrotta pubblicità.

Povera Raffaella, quale responsabilità diventare sintesi e piazzista del consumismo occidentale, emblema della prodigalità capitalista che, ballando ballando, ha incantato gli emarginati dal grande banchetto dei Proci con il prevedibile rimbalzo della réclame filtrata, per anni, nelle terre e nei paesi raggiunti dalla sua televisione.

Da quei paesi gli esausti Odissei mancati reclamano il posto a tavola, sciamano dalle cortine di ferro della vita intercettata e spiata, dalle cortine di sabbia, dalle porte delle tirannidi e dell'ignoranza, sfondate e abbattute dal cavallo della comunicazione e dell'informazione, qualche volta gonfio di armi "intelligenti".

Da questa parte delle cortine la merce parla da sola e nessuno la intercetta, vigila o controlla, almeno così sembra. Qui c'è la televisione che, di riffa o di Raffa, racconta anche quando non racconta. E il naufrago albanese lì vuole andare, in televisione, dove pensa di essere riconosciuto e festeggiato, e non solo dal cane Argo, in una reggia in cui Penelope tesse sempre la stessa storia, interminabile, che si ripete sul telaio della fiction: la sua tela è il format di un racconto senza fine. Per scongiurare l'epilogo e la beata formula THE END che tanto sollievo può dare, Penelope produttrice, autrice e attrice principale ricomincia sempre da capo e non perde il favore dello sponsor.

Anche l'*Odissea* finisce, ma non la sua tela che si replica nell'iconostasi globale i cui messaggi, storie e personaggi possono essere tutti fatalmente indirizzati all'altare della celebrazione collettiva. Ma non è detto: non tutto quello che "passa in televisione" diventa un'icona degna di venerazione di massa, ma tutte le icone del tempo nostro sono tali solo se "passano in televisione".

Su questo altarone mediatico ogni singola icona ricorda la funzione che avevano le immagini dei santi e le raffigurazioni delle storie sacre nella iconostasi religiosa, se rispettiamo il parallelo architettonico tra il tempio cristiano ortodosso e il mondo segreto dei misteri televisivi.

Il sistema è complesso e impegna campagne di stampa ossessive, blog complici, ossequiosi servizi fotografici, social network, spot insistenti, copertine di pubblicazioni popolari, gossip delicatamente impliciti: "È la mitopoiesi, signori" osserva il professore. Che cosa sarà mai questa mitopoiesi? È la fabbrica del mito che ha bisogno di sinergie tra espressioni e linguaggi, mezzi e insiemi di mezzi oltre la televisione: la radio, i giornali, il cinema, la pubblicità, Internet, mode e modi culturali. Perfino i pettegolezzi da bettola.

L'iconostasi mediatica è il tramezzo, lo schermo che separa gli utenti-fedeli dai celebranti-addetti ai lavori che conoscono i mezzi. Se, per giunta, gli officianti sono anche i padroni del tempio, non resta alcuno spazio per la preghiera spontanea e ci sarà solo libero accesso ai mercanti i quali, notoriamente, nel tempio tentano sempre di concludere ottimi affari infischiandosi dell'interesse della comunità, se qualcuno, provvidenzialmente, non li caccia. Giusto per restare nella metafora o, meglio, per ricordare un mito azzeccato e sublime.

Il migrante che reclama la Carrà vuole andare in televisione, un'Itaca posticcia dove gli sembrerà di tornare pur non essendoci mai stato. Ma la vita, cari amici, è più faticosa della fiction e, qualche volta, noiosa e dolorosa. La vita di tutti gli abitanti del pianeta, chi più chi meno, e non esiste il Paese dei Balocchi. Nemmeno qui, a pensarci bene, "la vita è tutta un quiz".

Busta 1, busta 2 o busta 3? Busta 3, metta la cuffia. Per un milione di euro, ci deve dire che cos'è l'icona globale. Ha un minuto per rispondere. Via col tempo.

L'icona globale è l'enorme fluire di immagini, informazioni, suoni, nozioni e di tantissimi segni che possono essere iconizzati. È la televisione che non si chiama più solo "televisione" e non parla più solo col frigorifero ma con tutti gli elettrodomestici della casa e con tutte le case del villaggio.

Risposta esatta. Il nostro concorrente profugo albanese vince un milione e può tornare alla prossima puntata alla quale vi diamo appuntamento, amici telespettatori. Nel frattempo seguiteci su Facebook e sarete con noi. Con noi chi?

Chi sarebbero questi "noi"? Qualcuno risponde e leggiamo in bacheca: "Le forme televisive saranno realmente visibili solo quando la televisione stessa diventerà il contenuto di una nuova forma di comunicazione". È il professor Marshall McLuhan, un mito, che ci chiede l'amicizia perché aveva previsto pure il social network quando segnava in agenda: "La trasformazione del pianeta in un unico teatro globale esige l'intera popolazione mondiale non solo come pubblico, ma, anche, come compagnia di attori". Quel "noi" siamo noi.

Il professore sa bene che ogni attore ha parte in commedia, in tragedia, in farsa, in musica e in prosa e i personaggi che interpreta ama rincorrere nella memoria e nelle memorie, le più antiche, per farli diventare contemporanei: una folla di volti che conosciamo, anche se non ricordiamo dove e quando li abbiamo incontrati. Ci sembra di conoscerli e, mentre noi interpretiamo loro, loro rispecchiano noi. "Noi che siamo ciò che vediamo" conclude il professore.

Noi che tutti i giorni, senza accorgercene, ci imbattiamo in Eris, Ninon de Lenclos, Paride, Paolo e Francesca, Venere, Totò, Aurora, Giulietta e Romeo, Titone e Zeus, Dante, le Sirene, Cleopatra, Alberto Sordi e il profugo albanese. Miti antichi si intessono con miti moderni.

I miti antichi, "quei fatti che non avvennero mai, ma sono per sempre": qui è Sallustio che chiede l'amicizia, le storie "vere" accadute al tempo delle origini e che, ancora oggi, si affannano a spiegare come siano nate le cose dell'universo e come gli uomini abbiano vissuto le loro faticose "prime volte". I miti moderni interpretano la fuga dalle restrizioni e dalle ansie della realtà storica, oggi, in un presente in cui l'uomo, non potendo essere un eroe, vuole specchiarsi in eroi esemplari, valori sostitutivi e compensazioni di valori assenti o non percepiti. L'uomo si guarda intorno, cerca il mito, lo incoraggia, lo crea e lo racconta.

L'idea guida è poter parlare col passato, davvero, per interrogarlo e misurarsi col suo enigmatico e impeccabile essersi fatto tempo.

Giulietta bisbiglia alla Luna: "Romeo, Romeo, perché sei tu Romeo?" e Totò replica: "La donna è mobile e io sono mobiliere". Paolo e Francesca chattano su Facebook e ignorano la richiesta di amicizia di Eris, perché di problemi ne hanno già abbastanza. Al gruppo di Cambronne non si è ancora iscritto nessuno, lui ha commentato da par suo. Diana ha cambiato atteggiamento dopo la condanna di Atteone, cacciatore guardone e non guardingo, e ha scelto come immagine del profilo l'*Origine du monde*. Romolo vuole rapire la modella e la cerca, ma l'identikit di Joanna "Jo" Hiffernan, la bella irlandese rossa di capelli, è improponibile.

Pippa si scandalizza mentre si prodiga a rimuovere gli innumerevoli *tags* sulle sue foto, tutte segnate da Paride sullo stesso dettaglio anatomico. Dante ha mormorato: "Pensa, lettor"; forse era dubbioso, ma deve aver apprezzato, visto che, sogghignando, ha puntualmente cliccato su MI PIACE.

Venere fa il cinema, ancheggiando sui tappeti rossi di tutti i festival: di questo passo elegante vincerà il premio alla carriera. Alessandro Magno lo ha già conquistato, anzi se l'è preso con la forza. Monna Lisa del Giocondo sorride ai fotografi e al pubblico. Poi capita che il pubblico guardi in alto e, da un balconcino, ecco, lo raggiunge una voce che indica la Luna. Ed è mito, subito.

In altre parole

"Mi manca la parola", si dice. Ma, se la parola manca, può voler dire che l'idea che la pretende è imperfetta, nebulosa, confusa. E, a volte, non bastano neppure le parole che abbiamo, perché ci sono le "parole povere", le "poche parole", le "parole, parole, parole" e, poi, ci sono le parole giuste. Chi le conosce bene è l'amico vocabolario che ospita tutti i lemmi e ne registra l'uso con le avvertenze per la sua consultazione.

Fino a poco tempo fa, quando si doveva ammettere la capitolazione di una parola sul viale del tramonto, rassegnata a non servire più nella lingua italiana, il vocabolario elaborava il lutto contrassegnando la scomparsa con una malinconica crocetta nera. Negli ultimi anni ha mutato condotta, riserva la gramaglia ai casi disperati e ha preso a munire le parole vacillanti nel disuso con un trifoglio di buon augurio, un auspicio di resurrezione.

In questa appendice si proteggono alcune tra le parole che hanno allietato i brindisi delle pagine passate, avendo particolare cura per i lemmi in pericolo di trifoglio e che abbiamo contrassegnato con un asterisco (*) nel corso del testo. Al dessert del nostro dotto banchetto, dunque, abbiamo raccolto qualche parola a rischio di estinzione per favorirne la rinascita con l'uso e, per giovamento dei lettori più curiosi, le spiegazioni sono spesso corredate con cenni etimologici.

Per scrivere le pagine che seguiranno si è consultato il vocabolario, gli è stato chiesto consiglio e gli sono state raccontate le nostre perplessità. In risposta il lettore riceve sincere rassicurazioni e utili precisazioni, perché il vocabolario è davvero amico leale e prezioso. E affidabile: si può sempre prenderlo in parola.

Acusmatico: caratteristica di un suono che si sente senza che ne sia visibile la fonte. Da greco *àcusma* che vuol dire "percezione uditiva", "voce". Già nel teatro antico gli effetti sonori erano prodotti fuori scena, da fonti che il pubblico non doveva vedere per assicurare l'illusione. Si vedeva, però, da dove venivano gli applausi. E anche i fischi.

Agnizione: "riconoscimento", "rivelazione" della vera identità di un personaggio che risolve l'intreccio di un'opera narrativa o di un dramma, tipicamente nel finale. *Tópos* ricorrente nel teatro classico o di ispirazione classica. "Cielo, ma tu sei mia sorella!" "Santi numi! Ma tu sei mio fratello."

Andare in solluchero: compiacersi per qualcosa che vezzeggia le nostre aspirazioni o lusinga la nostra vanità. L'espressione deriva dal raro verbo toscano "sollucherare", la cui probabile etimologia risale al latino *saliviculare*, a sua volta forma diminutiva di *salivare*, che rimanda a quella sensazione di desideroso appetito comunemente nota come "acquolina in bocca".

Anguicrinito: chi porta una capigliatura fatta di serpenti. Letteralmente chi ha angui, cioè serpi, al posto del crine, dei capelli, come Eris, la Discordia. Il mito canta anche di altri personaggi dalla chioma velenosa, tra cui Tisifone, Aletto e Megera, tre sorelle infernali incaricate di presidiare l'esercizio della vendetta, e Medusa, celebre per lo sguardo affascinante fino a "far di smalto" interlocutori e avversari, per dirla con Dante. Perseo usò uno specchio come scudo e pietrificò così la Medusa col suo stesso sguardo. Poi utilizzò la testa anguicrinita come arma letale appesa al fatale scudo.

Apoftegma: motto breve e memorabile che intende esprimere una verità di rilievo con enfasi e arguzia. Anche "apotegma", senza la "f", e "apoftemma", senza la "g" ma con la doppia "m".
Arme: stemma composto da scudo, pezze araldiche e smalti che identifica una persona, segnala l'appartenenza a un casato o contrassegna un ente. "Blasone."

Cachinno: risata sguaiata che scroscia in segno di beffa, per schernire qualcuno. Nell'avanspettacolo che eredita i modi del Fescennino, delle Atellane e delle Farse Cavaiole vari versacci e rumori poiché generano il cachinno, ne prendono il nome.
Carola: danza sacra in cui i partecipanti si prendono per mano e si muovono in tondo accompagnandosi con il canto. Un solenne ballo di gruppo.
Ciabatta: pantofola, pianella. Gli elettricisti hanno acceso un nuovo significato: dicesi *c.* un dispositivo di forma piatta che ospita numerose prese di corrente.
Colendissimo: diffuso nello stile epistolare sino a metà Ottocento, il superlativo di "colendo" amplifica il senso di "illustre", "rispettabile", "degno di reverenza".
Coorte: per i Romani, manipolo militare costituito da un decimo dei fanti di una legione; per estensione, "schiera di soldati". Ne segnaliamo la presenza nei versi risorgimentali del *Canto degli Italiani* di Goffredo Mameli: "Stringiamci a coorte / siam pronti alla morte / l'Italia chiamò".
Coprolalia: dai calchi greci *kópros* e *laliá*, rispettivamente "sterco" e, pressappoco, "chiacchierare". Compiacimento nell'uso di parole escrementizie e, per allargamento, abitudine a far uso di un lessico volgare, a infarcire i discorsi di espressioni di cattivo gusto quando non oscene.

Diacronico: che attiene alla diacronia, la dimensione temporale contrapposta alla sincronia. Il concetto di diacronia, per i linguisti, rimanda allo studio dell'evoluzione di un fatto o di un fenomeno tenendo conto del fluire del tempo.

Distico: strofa di due versi. Secondo la metrica greca e latina, la sequenza composta da un esametro (verso di sei misure) e un pentametro (verso di cinque misure): è detta "distico elegiaco".

Doppiere: grosso candeliere a due bracci.

Emerodromo: nell'antica Grecia messaggero di professione allenato a correre per recare una notizia entro un sol giorno, anche nel caso il destinatario fosse molto lontano. A fine turno, comunque, gli *e.* potevano trasferire l'incarico e la notizia agli altri colleghi che si scaldavano a bordo campo. Da *heméra*, "giorno", e *drómos*, "corsa".

Epistolografo: chi scrive epistole, ossia lettere.

Epitome: sintesi di un'opera molto vasta, soprattutto di oggetto storico, redatta a scopo divulgativo o didattico. Vale anche per "compendio".

Ermeneutica: attività e tecnica di studio di un testo, specialmente se antico, al fine di interpretarne il senso. Letteralmente "arte dell'interpretazione". Ad alcuni piace ricondurre l'etimologia di *e.* a Ermes, dio interprete e ministro dell'eloquenza, dell'oratoria, della letteratura, della poesia.

Etera: per gli Elleni, donna di liberi costumi sofisticata, intelligente ed elegante, solitamente forestiera. Cortigiane di buona cultura e dai modi raffinati, le *e.* non offrivano solo prestazioni sessuali occasionali, ma spesso instauravano con i loro clienti relazioni prolungate. Potevano anche partecipare ai simposi maschili, facoltà non riconosciuta alle donne comuni.

Fomite: materia secca facilmente infiammabile che serve per accendere un fuoco e alimentarlo. In senso figurato: "cagione", "stimolo", "incentivo".

Giureconsulto: studioso ed esperto del diritto, della legge.

Inurbato: dicesi degli abitanti del contado che lasciano la campagna per trasferirsi nel centro abitato e che, per questo, fanno proprie le abitudini della città. Pare che non sempre acquisiscano la consuetudine urbana di pagare gli scrivani.

Irenico: ispirato alla pace e di questa promotore.

Lustrale: "purificante", "espiatorio". Da "lustrazione", in riferimento alle cerimonie di purificazione rituale dell'antichità classica.

McLuhan, Herbert Marshall: nome proprio che rischia di diventare parola. *M.* è stato il massimo studioso dei media nel Novecento, nel 2011 avrebbe compiuto cent'anni. Nel linguaggio comune sono continuamente citate le sue definizioni e i suoi aforismi, i più noti tra i quali sono "villaggio globale" e "il mezzo è il messaggio". È meno conosciuto "*I don't necessarily agree with everything I say*" ("non sono necessariamente d'accordo con tutto quello che dico").

Mitologema: idea, concetto, nucleo all'origine di un mito da cui si sviluppano varianti e prendono forma evoluzioni nelle differenti culture, epoche e mitologie.

Monocrazia: forma di governo nella quale una sola persona, o un solo organismo, fa capo a tutto il potere e a tutti i poteri.

Nettadino: neologismo scaturito dalla contrazione tra la parola inglese *net*, che traduciamo come "rete", e l'italiano "cittadino". Così è stato battezzato l'abitante di Internet.

Omografia: dicesi di due o più parole scritte allo stesso modo.

Onciale: antica scrittura dal tratteggio fluido e dai caratteri rotondi in uso dal IV al IX secolo.

Onomaturgo: chi inventa parole nuove, chi forgia neologismi.

Orbato: participio passato di "orbare", cioè privare per sempre qualcuno di persone o cose ritenute necessarie, di valore. Dal latino *orbus* che significa "privo", "spoglio" di qualcosa.

Palindromo: parola, verso o frase bifronte che mantiene la stessa lettura anche al rovescio, da destra verso sinistra. Per esempio: "radar", "esose", "osso" o "ai lati d'Italia".

Pas regretter: esortazione a non provare rammarico, in francese.

Perorazione: nella retorica classica, parte conclusiva dell'orazione nella quale si riassumono i contenuti e si cerca la "mozione degli affetti", vale a dire si tenta si commuovere gli ascoltatori. Più ariosamente, la *p.* è un discorso appassionato a sostegno di una causa, di una persona, di una teoria. E dell'idea che non può essere il nome a dar profumo ai fiori.

Polisemia: coesistenza di più significati in una stessa parola, o, meglio, in uno stesso segno. Dal greco *polýs* e *séma*, cioè "molti" e "significato", appunto.

Prosodia: il complesso di regole a disciplina della pronuncia corretta delle parole, dall'intonazione all'accento, dal ritmo alla quantità di sillabe.

Pugna: come nel latino, *pugna* vuol dire "battaglia", "combattimento", "lotta". Da *p.* l'aggettivo "pugnace" per qualificare gli spiriti bellicosi, inclini alla disputa o propensi alla lotta.

Ready-made: opera d'arte realizzata a partire da manufatti presenti nella vita quotidiana, talvolta senza neppure modificarli: il valore aggiunto dell'artista consiste nella sola scelta dell'oggetto. Il *r.* (letteralmente "già fatto") fu inventato da Marcel Duchamp quando installò una ruota di bicicletta su uno sgabello e intitolò la creazione Ruota di bicicletta. Sempre Duchamp elaborò una variante del *r.* quando, a Parigi, comprò una riproduzione della *Gioconda* "già fatta" e aggiunse con un lapis nero baffi e pizzetto. Sulla malizia del titolo di quest'opera già ci siamo intrattenuti.

Schidionata: colpo di schidione, o spiedo, con cui si infilzano più pezzi di carne per tenerli insieme durante l'arrosto a fuoco vivo. Anche Paolo e Francesca furono schidionati quando Gianciotto li trafisse con un unico e comune colpo di lama. A rigor di *Commedia*, nell'altro mondo non seguirono fiamme infernali: la condanna dei lussuriosi romagnoli fu la bufera senza tregua che travolge le anime del secondo cerchio.

Schipetaro: albanese. Dall'etnico Shqipëria, che significa "Albania".

Sineddoche: figura retorica consistente nell'usare una parola al posto di un'altra che, rispetto alla prima, ha un significato contiguo ma più esteso o più ristretto. Ricorre una *s.*, per esempio, se si nomina la parte per riferirsi al tutto, come quando diciamo America, ma, in realtà, ci riferiamo solo agli USA. O, per estensione in pittura, quando si dipinge una bella irlandese ritraendone solo le grazie più intime.

Solecismo: forma linguistica scorretta, che sia per grammatica, sintassi, lessico o morfologia. L'etimologia ci racconta dell'antica città di Soli e dei suoi abitanti che corrompevano la purezza del greco con le frequenti contaminazioni con la lingua della Cilicia.

Tópoi: plurale di *tópos*, parola greca che letteralmente significa "luogo" e che designa un motivo ricorrente nell'opera di un autore, nelle opere di un'epoca o in una corrente artistica. "Luoghi comuni."

Tropo: categoria di figure retoriche che comportano il cambiamento del significato delle parole, come avviene con la sineddoche e con la metafora. È il caso di "cozza" quando si usa non per riferirsi a un mollusco (significato proprio) ma per additare volgarmente una donna poco piacente (significato altro).

Wildianamente: alla maniera di Oscar Wilde.

Zoccola: titolo ingiurioso che intende mettere in dubbio le virtù morali della donna contro cui viene scagliato. La parola designa pure la femmina del ratto, del topo di fogna, e si ipotizza che derivi dall'incrocio linguistico tra il latino volgare *sorcula,* diminutivo femminile di *sorex, -icis,* cioè "sorcio", e l'italiano spregiativo "zoccolo", sinonimo maschile di "buono a nulla".

Ringraziamenti

Un grazie al mio allievo Luca Zanchi, amico e sodale, senza la cui affettuosa e intelligente ostinazione non avrei mai trovato neanche il tempo per sedermi alla scrivania.

Arnoldo Mondadori Editore S.p.A.

Questo volume è stato stampato
presso Mondadori Printing S.p.A.
Stabilimento Nuova Stampa Mondadori - Cles (TN)

Stampato in Italia - Printed in Italy